개정판

여자 마음
설 명 서

개정판

여 자 마 음 설명서

글보리 지음

두드림미디어

프롤로그

열 길 물속은 알아도 한 길 여자 속은 모른다는 남자들을 위해 여자 마음 설명서를 준비했다. 대인관계에 있어서 가장 심각한 갈등은 남녀의 갈등이다. 동성은 기본적으로 가진 공감 부분이 있다. 하지만 이성은 아주 보편적인 몇 가지 인간 심리를 빼고는 남자 혹은 여자라는 성(性)의 특성에서 오는 고유한 심리에 대한 공감대가 없어서 만족할 만큼 서로를 이해하는 관계가 되기 어렵다. 남자와 여자는 인정과 존중과 배려의 관계다. 유전적으로 갖고 있지도 않고 경험되지도 못한 인식과 감정, 그에 따른 행동은 남녀가 그 어느 쪽이든 이해 불가인 것이 정상이다. 이해되지 않는 다른 성의 심리를 자기편 성의 인식 틀로서만 이해하려고 하는 것은 엄청난 오류다. 그렇다고 무조건 인정하고 존중하며 배려하라고 하면 받아들이기에 많은 무리가 있는 것이 사실이다.

그런 의미에서 이 책은 '여자는 왜?'라는 의문을 풀어줄 것이다. '왜? 왜 그런데? 이유가 뭐야?'라고 묻는 철학적 사고는 인간이 가진 가장 강력한 인지 형태를 백분 활용한 것이다. 이해하는 것은 여기까지다. '아, 그래서 그랬구나!'라는 다소 막연한 이해라도 하게 되면 그 사람의 행동을 인정하게 되고 나름의 의미를 부여해서 존중하고 배려하게 되는 빌미를 만들어낼 수 있을 것이다. 《여자 마음 설명서》는 남자에게 여자를 알리려는 목적으로 쓰였다. 열 길 물속 같은 여자의 마음을 이 책을 통해 조금이라도 알게 된다면, 80년을 같이 살아도 도대체 알지 못했던 그녀를 조금은 이해할 수 있게 될 것이다. 또한, 그녀를 지금보다는 좀 더 다정한 눈빛으로 대할 수 있게 될 것이다. 이것이 이 책의 목표다.

저자는 여자여서 빠질 수 있는 나르시시즘적 요소나 적대감 등의 위험성에서 벗어나 좀 더 객관적이고 다양한 인식으로 여성의 심리를 분석하기 위해 20여 권의 여성 관련 책을 통해 도움을 얻었다. 분석의 토대는 저자가 10여 년 동안 상담현장에서 얻은 사례들과 그 사례를 뒷받침해줄 심리 전문서적과 일반 서적들이다. 주로 결혼을 앞두거나 신혼기에 있는 30대 여성들이 경험했거나 경험하고 있는 여러 가지 문제 상황에 대한 심리적 요인을 분석했다.

제시되고 있는 문제의 종류들은 실제로 상담실에서 상담되는 내용이다. 많은 사람이 이 책에서 제시되는 문제들을 경험하고 있지만 직접 상담실을 찾기는 쉽지 않다. 그런 어려움을 이 책을 통해 간접적인 방식으로나마 일정 부분 해결 방법을 찾을 수 있을 것이다. 저자 또한 사례마다 내담자를 앞에 두고 상담한다는 생각으로 문제 요인에 대해 분석했다. 그러나 지극히 개인적인 문제라서 단편적으로 해석될 수밖에 없었던 점은 시인한다. 그 이유는 같은 문제 유형이라도 100명이면 100가지 다른 문제 원인을 갖고 있는데, 그러한 문제를 한 꼭지에서 모두 다룰 수 없는 한계가 있기 때문이다. 그래서 글의 형태가 다소 '~일 수도 있다'라는 형태를 취할 수밖에 없었음을 이해해주기를 바란다.

　　이 책이 기존 책들과 다른 특징은 일정 부분 여자들의 집착이나 강박 등의 문제 요인들을 다루고 대처하는 방법을 제시하고 있다는 점이다. 자신이 직접 상담받고 있다고 생각하면서 각 꼭지에 있는 사례들을 읽으면 좀 더 현실성 있게 다가올 것이다. 이 책에 제시된 조언들이 남자가 여자와 관계를 형성해가는 데 도움이 되기를 바라며, 또한 많은 여자들이 자신의 내면을 만나는 기회가 될 수 있었으면 좋겠다.

이 책에서 언급한 내용은 심리분석가로서 저자의 전문적 소견이며 그러한 주장에 신뢰를 더하기 위해서 전문적인 용어도 사용했지만 가능하면 쉽게 풀었다. 물론 이 이론을 수용할 것인지 배척할 것인지는 독자 여러분의 몫이다. 《여자 마음 설명서》가 여러분의 대인관계에 훌륭한 지침서가 되기를 바란다. 장마다 제시한 Tip은 남자에게 주는 것이다. 참고하시길.

글보리 GeulBori

▲▼ Contents

Contents

Woman

Manual

여자 마음 **설명서**

"어디로 가?"
○ ○
길을 못 찾는 여자

Conversation

자기야, 나 어디로 가?

> 합정역 9번 출구로 나와서 150m 망원동 방향으로 오면
> 길 건너편에 OO건물이 보여.

그래? 알았어….

나 지금 합정역 9번 출구로 나와서 150m 정도 왔어.
그런데 자기가 말하는 OO건물이 안 보여.

　농담이 아니다. 정말 모른다. 지도를 보는 것이 제일 어렵고 해결이 안 된다. '여자는 왜 길을 못 찾을까?' 도대체 이해 못 하는 남자들이 아무리 물어봐도 소용이 없다. 어차피 여자인 자기도 모른다. 이 문제는 똑똑하고 멍청하고의 문제가 아니다. 그냥 그렇다. 가끔 기가 막히게 길을 잘 찾는 5%(?)의 여자들을 제외하고는 95%의 여자들은 길을 못 찾는다. 그래도 '잘 오던데?'라고 생각한다면 정말 헤매고 또 헤매고 찾아간 거였든지, 아니면 자주 갔던 곳일 확률이 높다. 여자들이 같이 가자고 하는 것은 엄살이 아니다. 잘 찾아올 수 있냐는 물음에 네이버 길 찾기로 찾을 수 있다고 큰소리 치지만 몇 번을 되묻고도 사거리 한가운데 멍청하게 서 있기가 일쑤다. 내비게이션(Navigation) 볼륨을 최대한으로 올리고 신경을 곤두세워도 여지없이 "유턴하세요!"라는 말을 듣고 만다. 어떻게 집은 찾아오는지 신기할 지경이다. 열 번을 갔던 길도 몇 달만 안 가면 또 헤맨다. 여자도 이런 자신이 마음에 들지 않아 화나 죽겠다.

　여자들이 이런 현상을 보이는 이유가 무엇 때문인지 알기 위해 아이오와주립대학의 심리학과 카밀라 벤보 교수가 100만 명 소년 소녀들의 두뇌 스캐닝으로 인간의 공간지능을 측정했다. 검사 결과 4세 무렵부터 남녀의 차이가 뚜렷하게 나타나고, 여자아이들은 2차원으로 남자아이들은 3차원으로 사물을 본다는 것을 알아냈다. 공간지능검사에서 남녀 4대 1의 비율로 남자아이들이 뛰어났다. 그 이유를 살펴보니 남자의 두뇌는 우뇌 앞쪽에서 공간지능을 담당하는 특정 지능이 네 군데가 있었지만, 여자는 특정 위치가 없었다. 남자아이들이 건축 화학, 건물, 통계, 축구, 농구 등 거리를 측정하는 게임들에 뛰어나고 PC방에서 공간지능을 활용한 게임을 즐기는 이유가 여기에 있는 것이다. 벤보 교수팀은 영재들도 측정했는데, 남자아이들이 여자아이들보다 13대 1의 비율로 수학을 더 잘하는 결과가 나왔다. 이런 차이는 이유는 남성호르몬인 테스토스테론 때문에 나타난다고 했다. 이 연구결과에 의하면 여자가 길을 못 찾는 것은 남성호르몬이 절대적으로 부족한 여자들의 운명 같은 거였다.

남자들은 전 세계 인구의 절반을 차지하고 있는 여자들이 얼마나 힘들게 세상을 살고 있는지 이해해줘야 한다. 고맙게도 이런 여자들의 길 찾기에 도움을 주기 위해 영국의 지도제작자 앨런 콜린슨이 3차원 지도를, 1998년 영국에서는 존과 애슬리 심스가 양방향 지도를 만들어줬다. 2차원의 지도를 3차원의 공간으로 이해하지 못하는 여자를 위한 기가 막힌 아이디어였다. 더 나아가 BMW가 전 세계 방위 표시 체계(GPS : Global Positioning System)를 자동차에 장착해줌으로써 여자들도 어디든 찾아갈 수 있는 신세계가 열렸다. 내비게이션이 길을 다 가르쳐줘 더 길을 모른다는 불평들도 있지만 그나마 이것이 있어서 이만큼 산다.

주행만 문제가 되는 것은 아니다. 주차도 매한가지다. 공간지능과 함께 고도의 회전각도 계산이 필요한 주차는 길 찾기보다 몇 배는 더 힘들다. 남자들은 이해할 수 없는 일이겠지만 숨길 수 없는 사실이다. 예전에 주상복합 건물 주차장에서 주차장을 내려가던 차가 급커브 급하강을 못 해서 차가 폐차 지경이 된 것을 본 일이 있었다. 각도 계산을 못 하는 여자 운전자가 앞뒤로 왔다 갔다하면서 계속해서 조수석 문과 운전석 앞범퍼를 벽에 찧었다. 정말이지 뒤로 빠질 수도 내려갈 수도 없는 기가 막힌 상황에 놓여 있던 그 여자의 트라우마가 상당할 것으로 보였다. 참으로 안타까운 현장이었다.

이처럼 여자들에게 좁은 곳에 차를 가지고 들어가는 것은 아주 두려운 일이다. 외국 조사에 의하면 여자들의 주차정확도가 영국은 22%, 1차 시도에서 성공할 확률은 23%, 싱가포르는 평균 19%, 1차 시도에서 성공할 확률은 12%라고 하니 여자들에게 운전은 그 자체가 모험이다. 그래서 여자는 오늘도 '초보운전' 딱지를 5년째 붙이고 다닌다.

🔺 Tip for Woman's Heart

목적지 주변 큰 건물을 알려주고, 가능하면 마중 나가줘라.
아무리 못 하는 일도 시간이 흐르면 능숙해지는 법이다.
못 찾는다고 질책하지 말고 격려하고 응원해주자!

"여기 있잖아!"

○ ○

물건을 잘 찾는 여자

Conversation

여보, 팬티 어디 있어?

안방 수납장 맨 위 칸에 있잖아.

양말은?

양말도 그 수납장 아래 칸에 있어.
거기 둔 지가 몇 년째인데 매번 물어?

매번 찾는다. 도대체 수십 년을 그곳 그 자리에 그 모양 그대로 두는데도 매번 묻는다. '바보야? 아니면 멍청이야?'라는 말이 목구멍까지 차오르지만 하나 마나 한 소리라서 꾹 참는다. 자기 소지품 위치를 아무리 일러줘도 귓등으로 듣는다. 마음이 없는 것인지, 사랑하지 않는 것인지 헷갈린다. 그 남자는 관심이 없는 것이다. 아니 관심을 두고 싶지 않은 거다. 달라고 하면 찾아주는 여자가 있고 그 여자가 주는 것을 앉아서 받고 싶은 영웅심리, 보상심리가 있다. 매번 잔소리를 듣지만, 귀 막고 방 안으로 들어가면 그만이다. 피식 웃으면서.

문제는 인정받고 싶은 여자의 마음이다. 그 까짓것 하나 챙겨주는 것은 사실 일도 아니다. 그런데 그러면 뭐하나? 아무리 알뜰살뜰 쓸고 닦아 놓아 봤자 티도 안 나고 너무나 당연하다는 듯이 대하는 태도에 화가 나는 거다. '아니야, 이 일이 얼마나 중요한데…' 갈팡질팡해가며 매일 견디고 있다.

어째서 여자는 물건을 잘 찾는 것일까? 마치 길을 잘 찾는 남자들처럼 뭔가 있는 것 같다. 연구에 의하면 눈은 두뇌의 확장체다. 안구 뒤에 있는 광수용체(Photoreceptor)는 1억 3,000만 개의 막대기형 세포로 되어 있다. 이것은 흑과 백을 구분하고 700만 개의 세포로 구성된 원추형 세포는 흑과 백 외의 여러 가지 색깔을 구분해낸다. X염색체가 이 세포들의 기능을 가능하게 한다. 여자는 그런 X염색체가 둘이기 때문에 남자보다 훨씬 더 많은 색을 구분할 수 있다.

또한, 다른 영장류보다 흰자위가 많아서 다양한 눈 신호를 보낼수 있고 그 눈의 움직이는 방향만으로도 상대방에게 자기 뜻을 매우 쉽게 전달한다. 여자는 뒤통수에도 눈이 있다는 말이 맞다. 망막에 있는 원추세포가 많을수록 넓은 주변 시야(Peripheral Vision)를 볼 수 있어서 여자는 사물을 거의 180도로 동시에 볼 수 있다.

이런 특성은 움직임이 많은 여러 아이를 동시에 키울 수 있게 하고 복잡하고 잡다한 살림살이를 살피고 다루는 데 아주 효과적이다. X염색체가 하나뿐이라서 좁은 시야로 직선 방향만 길게 확보할 수 있는 남자는 냉장고 안에 든 물건을 찾는다든가, 심지어 자기가 둔 곳의 물건도 못 찾는 거다. 그러니 물건 하나 못 찾는다고 혼내야 소용없다.

길 못 찾는 여자나 물건 못 찾는 남자나 부족하고 못나기는 마찬가지다. 그냥 서로 이해하고 자기가 잘할 수 있는 것들을 나누며 사는 수밖에. 그래도 노력하면 좀 나아지긴 할 것이라는 희망을 품고!

⚠ Tip for Woman's Heart

"고마워", "당신 없으면 내가 어떻게 살지?" 한마디면 된다.
진심을 담아서.

"생각하고 말해"

○ ○

말을 잘하는 여자

Conversation ▲▼

▲ 자기야, 내 친구 짱구 있잖아. 그 친구가 10년이나 다닌 회
사를 놓고 싶어서 그만둔대. 나도 그렇게 놀고 싶다.

자기도 놀아. ▼

▲ 내가 어떻게 놀아? 작년에 시작한 적금도 아직 2년이나
남았는데….

그럼 2년 후에 놀아. ▼

▲ 자기는 생각이 있는 거야? 마치 남의 말 하듯이 그렇게
쉽게 말하지 마.

가끔, 아니 어쩌면 자주 남자가 멍청하다는 생각이 든다. 조금만 생각하면 기분 안 상하고 해결될 일인데 매번 일을 키운다. 박사면 뭐하고 교수면 뭐하나? 감정 표현 하나를 제대로 못 하는 것을. '존경심을 가져야지' 생각하다가도 부딪히면 도로 꽝이다. 이런 남자였다는 것을 좀 더 일찍 알았다면 결혼을 다시 생각해봤을 거다. 연애할 때는 표현력이 부족한 남자가 귀엽기도 하고 사랑스럽기까지 했는데 막상 살아보니 그것은 귀엽거나 사랑스러운 문제가 아니라 속 터지는 문제였다. 차라리 벽을 보고 이야기하는 게 낫다는 생각이 골백번은 더 든다.

이런 고민이 특정 여자 혼자만의 고민은 아니었던 모양이다. 과학자들이 사람이 말하는 순간을 두뇌 촬영해봤더니, 여자들은 두뇌의 양쪽에 언어 담당 부위를 확인할 수 있었지만 남자는 좌뇌 전체가 활발해지기는 하지만 특별한 위치가 파악되지 않았다고 한다. 남녀의 공간지능의 차이처럼 유사한 현상이다. 이런 이유로 두뇌의 양쪽이 모두 동원되는 여자는 말을 유창하고 수다스럽게 할 수 있지만, 남자는 여자의 질문에 매번 대충 얼버무리거나 짧은 단답형의 말밖에 할 수 없다는 거다. 여자들은 자주 하소연한다. 어떻게든 이해나 위로 같은 것을 받아볼 요량으로 힘들여 장문의 문자를 보내면 돌아오는 대답은 매번 '응, 아니, 알았어, 그래'가 전부라는 사실에 화가 난다. 남자 대부분이 그렇다. 그렇다고 속도 없는 것은 아니다. 다만 여자들이 듣고 싶어 하는 형태의 말로 표현하는 것이 어려울 뿐이다. 기껏 최선을 다해 성의를 보이겠다고 적어 보내면 또 다른 꼬투리가 잡힐 게 두려워 차라리 이도 저도 아닌 '응, 아니, 좋아'로 표현하는 거다. 이성적인 논리는 잘 전개하지만, 감정이나 마음의 상태를 표현하는 것은 분명 남자들의 몫이 아니다. 그러면서도 늘 뭔가를 지적하고 가르쳐주고 설명해주는 것은 일등이다. 마치 사냥터에서 먹잇감의 위치와 움직임을 설명하듯이 남자는 그렇게 진화됐다.

남자와 여자는 근본적으로 언어적 표현력의 한계가 있다. 온타리오대학의 과학자 엘리자베스 핸슨은 여자의 업무 수행능력과 에스트로겐(호르몬) 사이의 상관관계를 연구해서 여자에게 테스토스테론 호르몬의 양이 적으면 공간지능이 억제되고 에스트로겐 호르몬의 양이 많으면 언어능력과 소소한 운동 신경을 높여준다는 결과를 내놓았다. 이런 이유로 에스트로겐 분비가 높은 생리주기에 있는 여자는 침착하게 행동하고 거의 완벽하게 언어를 구사한다는 거다.

남자가 주로 혼자 묻고 스스로 답하는 경향이 있다면 여자는 상황만 주어지면 생각나는 대로 다 말해버린다. 정보를 공유하고 도움을 얻고자 하는 마음에서 생긴 습관이다. 옷은 어디서 사는지, 머리는 어디서 하는지, 남자친구와 헤어져서 마음이 어떤지, 어떤 친구와 만나고 있고 앞으로 뭘 하고 싶은지 시시콜콜한 개인적인 것들을 그다지 어렵지 않게 나누고 도움을 받는다. 남자들은 웬만큼

친해도 개인적인 일에 관해 묻지도 말하지도 않고 대부분 공적인 일이나 취미 등을 나눈다.

여자는 사귀는 남자친구가 바뀐 머리나 옷에 대해 시시콜콜 묻지 않으면 관심이 없거나 사랑하지 않는다고 화를 낸다. 하지만 남자는 그냥 여자가 자기 옆에 있는 것으로 충분하다고 생각하기에 여자가 장시간 말없이 있어도 그러려니 한다. 그녀가 삐져 있다는 것을 전혀 알지 못한다. 괜스레 남자가 알아주지 않는다고 속상해하지 말고 그냥 "나 지금 기분 나빠"라고 말하는 게 속 편하다. 하지만 이런 말도 하기 싫은 때가 있다. 어쩌면 이별 통보를 하게 될지도 모를 일이다.

남자들이 조금만 지혜롭다면 지금 옆에 있는 여자에게 어떻게 처신해야 하는지 알아차리는 것은 시간문제다. 그 방법은 물어보는 것이다. 여자 마음을 얻고자 하는 마음만 있으면 가능하다.

⚠ **Tip for Woman's Heart**

자주 묻고, 잘 듣고 공감하라!

"안 봐도 알아"
○ ○
촉이 좋은 여자

Conversation

요즘 뭐해?

일하잖아.

아니, 일 끝나고 뭐해?

집에 가지. 손님 만날 때도 있지만. 다 알면서 왜 물어?

여자는 대부분 눈치가 빠르다. 뭔가를 질책하거나 비난하려고 해서 그런 게 아니다. 학자들의 연구에 의해 여자들이 다중지능을 가졌다는 것이 밝혀진 바 있다. 살림을 살면서 아이를 기르는 일은 사소한 많은 일을 끊임없이 해야 했기 때문이라는 설명이다.

이런 특징을 가진 여자에게 사랑하는 남자의 행동은 특히 모든 신경을 집중시키는 중요한 요인이다. 자기 남자가 다른 여자에게 눈길을 주는지 아닌지 알아내는 것은 식은 죽 먹기다. 르네상스 시대에 사케티라는 작가의 작품 중에는 《키에티 지방의 방앗간 주인 파리넬로는 몬나 클라지아네 집 침대에 몰래 숨어 들어가 있었다. 파리넬로는 정부(남편의 애인)에게 홀딱 빠져 침대에 누워 있는 여자가 자기 아내인 줄도 모르고 몬나 클라지아라고 철석같이 믿고서 같이 밤을 보냈다》라는 긴 제목의 소설이 있다. 요지는 이렇다. 파리넬로의 아내는 남편이 다른 여자와 밤마다 바람을 피운다는 사실을 알고 있었다. 그래서 남편을 혼내줄 생각으로 남편의 정부와 짜고 불륜현장을 잡았다는 것이다. 르네상스 시대에는 많은 부유층에서 불륜행위가 자주 있었고 그에 대한 죄책감도 별로 없었다. 그런 사회현상을 반영하듯 바람을 피우고 있는 사람의 아내와 불륜의 당사자인 여자가 함께 모의해서 남자를 혼낸다는 상황 설정이 가능했다.

이렇듯이 답답한 인물들은 대부분 남자다. 이 무슨 망신인가! 그 지경이 되도록 아내가 자신의 행동을 눈치챘다는 사실을 모르고 있었다니. 결혼생활은 고사하고 연애를 할 때도 남자는 눈길을 흘리고 표정을 흘리고 몸짓을 흘린다. 자신은 신중히 행동한다지만 여자의 촉은 미묘한 변화에도 바로 작동한다. 특화되고 구획화된 뇌를 가진 남자들은 한 번에 여러 가지 일을 못 하고 한 가지 일을 끝내고 또 다른 일을 한다. 그래서 동시다발로 일어나는 일에서는 다른 것을 자주 놓친다.

모임에서도 여자들은 몇 명의 남자가 각기 다른 몇 명의 여자들에게 어떻게 치근덕거리고 있는지 모두 파악하지만 남자는 자기 여자가 몇 명의 남자에게 눈길을 주는지 모른다. 무엇인가 하나에 꽂혀 있기 때문이다. 또 다른 여자든 권력이든 일이든. 그래서 몸은 함께 있지만 생각은 늘 따로인 것이 남자다. 데이트하는 여자들이 자주 짜증스러워하는 부분이다. 그런 남자에 비해 여자는 남자에게 들키지 않고 바람을 피울 수 있다. 촉이 좋은 여자는 남자가 자기 행동을 눈치챘다고 생각하면 미리 변명거리를 만들어 적절하게 잘한다. 모든 여자가 바람을 피운다는 말은 아니다. 마음만 먹으면 그럴 수도 있다는 거다. 혹시라도 꼬리가 길어 밟혀도 시치미를 뚝 떼고 둘러대면 대부분 남자는 믿는다. 물증이 없는 일에 여자의 말을 믿을 수밖에 없기도 하지만 때로는 자신이 선택한 현실을 믿고 싶어서 그냥 넘어간다. 웬만하면 지금 자신의 위치와 환경을 유지하고 싶기 때문이다.

여자는 어떤 문제가 생기면 자기를 중심으로 해결하려고 하지만 남자는 문제가 생기면 자기 집과 주변을 먼저 생각한다. 그래서 남자는 바람을 피워도 집으로 들어가고 늙어 힘 빠지면 집을 찾는 거다. 중요한 것은 여자는 바람이 나면 자식과 남편을 두고 나가버린다는 사실이다. 남자의 집은 처와 자식이 있는 그곳이지만 출가

외인인 여자의 집은 친정도 아니고 마음 떠난 남편이나 남편의 성을 가진 자식들이 있는 곳도 아니다. 지금 밥 짓고 빨래하며 아이를 키우고 있다면 바람난 것이 아니다. 바람의 최종 선택이 이별이라는 전제에서 그렇다. 여자는 남자의 사랑이 확인되지 않으면 사랑해주는 남자를 찾아 떠난다. 기회가 주어지는 그 어느 날에! 이런 지경이 되지 않도록 조심해야 한다. 여자의 촉은 그 수와 길이가 무한대이며 매일 업그레이드된다. 여자가 마음먹고 꼬치꼬치 물어오면 무조건 시치미를 떼고 하던 행동을 빨리 멈추는 게 상책이다.

⚠ **Tip for Woman's Heart**

시도하지 마시라. 당신을 지켜보는 그녀가 있다.

여자 마음 **설명서**

"요즘 좀 바빠서…"
○ ○
애인이 있는 여자

Conversation

네가 입은 치마, 어디서 샀어?

왜? 치마 입게?

응, 입어 보려고. 흐흐.

너 치마 한 번도 안 입었잖아.

그렇긴 하지. 흐흐.

애인이 생기면 바쁘다. 무척 바쁘다. 생전 치마라고는 쳐다보지도 않다가 갑자기 치마 입은 모델 사진들을 뒤지고 향수 가게를 기웃거리며 '여자라면!'이라는 단어에 꽂혀 시간을 보낸다. 그 남자가 무엇을 좋아하는지 취미가 무엇인지 관심사가 무엇인지 하고 싶은 일과 가고 싶은 곳을 찾아내고 원래부터 자신도 그런 취향이었던 것처럼 괜찮은 모습의 여자가 되려고 애쓴다.

여자에게 남자는 동일시(Identification, 개인이 한 가지 또는 몇 가지 측면에서 다른 사람을 닮게 되는 자동적 무의식적인 정신 과정)의 대상이 되어 가능한 한 모든 것을 남자의 기준에 맞추려고 애쓴다. 오늘부터 내 남자가 볼 수 있는 시야에 있는 모든 여자는 적이다. 평소에 잘 나가지 않던 모임에도 열심히 나간다. 자신의 보물을 자랑하고 싶은 마음 때문이다. 설령 자신에게 어떻게 지내냐고 묻지 않아도 시선과 행동으로 사랑받고 있다는 사실을 열심히 알린다. '나는 너희들과 달라'라고 생각하며 혼자 흐뭇한 미소를 짓는다. 선택받았다는 사실만으로도 여자는 도도해지고 자존감이 올라간다. 설령 지금의 남자와 갈등이 있더라도 그 자리에서는 최고로 행복한 여자다. 집에서는 밤새도록 울지라도.

여자는 자기 남자친구의 외모나 환경, 또 남자가 보여준 사랑의 행동들을 가지고 다른 여자와 경쟁한다. 여자는 애인이 사회적 위험에서 지켜주고 타인의 불편한 시선에서 보호해주는 사람, 하소연을 들어주고 한없는 사랑을 주는 사람이기를 원한다. 그런 욕구가 채워지지 않으면 여자는 떠난다. 독일의 정신분석학자 에리히 프롬이 아무리 존재론적 사랑을 외쳐대도 현실에서는 이뤄지기 어려운 이론이다. 참된 사랑은 타인을 있는 그대로 보고 인정하고 수용하는 것이라고 아무리 말해도 그런 말은 남들에게나 해당되는 말이다.

자신을 향한 사랑과 타인을 향한 기대가 식은 즈음에야 비로소 여자는 남녀의 관계를 재정립할 수 있게 된다. '아, 프롬의 말이 이런 말이었구나!' 하는 생각이 들 때쯤이면 나이가 들어 세상을 보는 눈이 넓어져 있고 연애도 결혼도 현실 세계에서는 이뤄질 수 없는 그저 환상이라는 것을 알게 된다. 바지만 입으면 된다는 말의 의미를 알게 됐을 때 옆에 있는 애인은 이미 상상 속 그 남자와는 전혀 다른 인물이라는 것에 또 한 번 소스라치게 놀란다. 그렇다고 해도 여자는 오늘도 끊임없이 상상 속 남자를 찾아 헤맨다. 현실이 힘들면 힘들수록 자신만의 피앙세는 절실함 그 자체다. 남남이 만나 하나의 목표를 정하고 그곳을 향해 나아가는 길은 결코 쉬운 길이 아니다. 여자의 욕구가 이러하듯이 남자의 욕구도 있는 거다. 남자는 여자가 자신만을 위해 헌신해줄 수 있는 사람, 자신이 소망하는 가정의 형태를 잘 유지해줄 수 있는 사람, 자기 후손을 훌륭하게 키워낼 수 있는 사람이기를 원한다. 거기에 경제력까지 있다면 그보다 더한 소망은 없을 것이다.

이렇게 남자와 여자는 같지만 다른 욕구로 함께 산다. 욕구가 다르다는 것은 갈등요인도 다르다는 것을 의미한다. 같은 주제를 두고도 바라보는 관점이 다르기 때문에 아무리 싸워도 서로가 원하는 답을 찾기가 어려운 것이 부부싸움이다. 그래서 끊임없이 조율하고 지속적으로 서로의 마음을 살피는 노력이 필요하다. 문제는 여자의 욕구를 완전히 채워줄 수 있는 남자도 없고 남자의 욕구를 완전히 채워줄 여자도 세상에 없다는 거다. 그냥 조금 덜 불편하고 조금 더 감사한 사람이 있을 뿐이다. 그런 의미에서 누구의 애인이 된다는 것은 사랑할 수 없는 그 사람의 단점도 사랑하는 과정을 배우는 것이다.

⚠ Tip for Woman's Heart

이해심은 삶을 윤택하게 하는 윤활유다.
이해심 많은 여자를 택하라.

"그 여자, 별로야"

○ ○

질투가 많은 여자

Conversation ▲▼

▲ 대리님, 김지인 씨 있잖아요. 소문 들었어요?

무슨 소문이요? ▼

▲ 어제 선보셨대요.

그래요? ▼

▲ 네. 왠지 알려 드려야 할 것 같아서요.

　　질투의 화신이라고 하면 그리스 신화에 등장하는 헤라를 빼놓
을 수 없다. 일찍이 헤라는 가정생활의 수호자로 많은 도시에서 숭
배됐다. 하지만 그녀의 질투는 행복한 연인도 사랑스러운 가정도

그냥 둘 수 없었던 것 같다. 문제없는 가정이 없고 아픔 없는 연인이 없으니 말이다. 자식을 바라보는 부모의 근심이 떠나지 않는 이유도 헤라 때문이라고 핑계를 대고 싶다. 사랑은 인류 발생의 시작이며 삶의 의미며 생의 마지막에 다시 묻는 한마디다. 추상적인 의미의 사랑은 믿음이라는 고리가 없으면 지속할 수 없다. 잡히지 않는 사랑, 보이지 않는 사랑은 늘 불안하다. 그저 자신을 사랑하고 있을 것이라는 믿음으로 그 사랑을 지켜내는 거다. 그렇게 지켜내고 있는 사랑하는 사람의 배신은 죽음이다. '한순간의 놀이었다', '별 의미 없었다'라고 발뺌하려 들지만 그런 말이 더욱 분노를 키운다. 내 남자의 몸짓과 달콤한 음성을 생각하면 썰물처럼 밀려오는 배신감과 모멸감으로 '너 죽고 나 죽자'라는 생각뿐 더 이상의 배려는 없다. 여자는 남자의 사랑이 확인되면 희생은 즐거움이다. 그 희생은 자신을 지속해서 보살펴 달라는 호소다. 남자의 외도는 여자 몫의 혜택이 다른 여자에게로 옮아간다는 의미다. 이 불안은 생존의 불안이고 본능의 불안이다. 여자는 아이를 낳는 순간 더욱 큰 불안에 휩싸인다. 결혼을 통해 내 남자 내 아이라는 것이 주는 안정감도 있지만 안정의 욕구가 강한 만큼 혹시 모를 계약위반에 대한 경제적, 심리적 불안도 함께 커진다. 연애 시절에는 남자의 자유분방함이 매력이었지만 아이를 낳는 순간 그런 기질들은 가장 큰 불안이 된다. 언제든 가정을 버리고 달아나버릴 수도 있다는 생각은 여자가 남자를 온순한 양으로 길들이는 것에 청춘을 바치도록 내몬다.

"철 좀 들어! 당신이 총각인 줄 알아? 애한테 미안하지도 않아?"
여자는 양육의 불안을 감지할 때마다 소리를 지른다. 남자는 숨통
이 조이는 압박에 "화려한 날은 갔구나. 아, 옛날이여!"를 연신 외
쳐대지만 아이의 울음소리를 듣는 순간 애꿏은 머리카락만 쥐어뜯
는다. 여자가 임신과 출산, 양육과정을 통해 엄마가 되어가듯 남자
도 많은 것들을 포기하면서 아빠가 되어간다. 그렇게 어머니를 생
각하고 아버지를 생각한다.

> ### 🔺 Tip for Woman's Heart
>
> 오뉴월 서리는 그냥 내리는 것이 아니다.
> 서리 내릴 일을 만들지 말라.

여자 마음 **설명서**

"그래, 도와줄게"
○ ○
모성애가 강한 여자

Conversation

> 엄마 밥 좀 차려주세요. 세탁소에서 셔츠도
> 찾아주세요.

> 그래. 어디 가니?

> 네. 회사 잠깐 들렀다가 친구 만나러 가요.

여자가 늘 질투하고 미워하고 사납기만 한 것은 아니다. 세상에서 여자보다 더 포용력이 많고 바다 같은 이해심을 가진 종 있으면 나와보시라. 세상살이가 아무리 힘들어도 기어코 그 산을 넘고야 마는 것이 엄마다. 그렇게 살아내고 또 살아낸 여자는 뒤따라오는 그 누구에게라도 아련한 눈빛 하나쯤은 너그러이 보낼 줄 안다. '그래, 그렇지!' 손짓하며 다 해진 가슴으로 창자 밑바닥에 있는 피를 끌어올려 따뜻하게 안을 줄 안다. 그것이 '엄마 여자'다.

10달을 품어 살며 느낀 심장 소리와 태동에서 여자는 엄마가 되어간다. 하늘이 노랗도록 죽을힘을 다하고서야 물컹 빠져나온 뜨거운 생명. 그렇게 피 묻은 자식을 안은 여자는 아직 꿈속에 있다. 아기는 말이 아닌 소리로 자신의 욕구를 표현하기에 도대체 막막하다. 안절부절 우왕좌왕. 그렇게 부대끼며 눈물로 황당함으로 당황스러움으로 너그러움을 배우고 억지스러운 이해를 배우고 그렇게 엄마를 배운다. 그런 자신을 이해하고 타인을 이해한다.

유전자 DNA 코드 해독으로 노벨상을 탄 영국 과학자 프랜시스 크릭과 미국 과학자 제임스 왓슨은 "당신의 즐거움, 슬픔, 기억, 야망, 정체성, 자유의지, 사랑 등은 거대한 신경세포 집합체의 행동에 불과하다"라고 발표해서 세상을 놀라게 했다. 그들이 밝혀낸 갖가지 화학 성분 중에서 프로게스테론이라는 호르몬은 여성의 대표적인 성호르몬으로 월경주기, 임신, 배 발생 등을 조절하는 호르몬이다. 이 프로게스테론 호르몬으로 여자가 엄마로서 살아갈 수 있는 양육자 조건을 갖게 되는 거다. 여자아이가 짧고 통통한 팔다리, 통통한 상체, 지나치게 큰 머리, 커다란 눈을 가진 인형에 열광하는 이유도 이 호르몬 때문이다. 이 호르몬이 남자에게는 결핍되어 있어서 남자아이가 그런 인형을 가지고 놀 확률이 거의 없는 거다.

그렇게 여자는 양육자로 태어나고 여자로 살다가 엄마 여자가 된다. 근본적으로 타고난 모성애는 환경만 주어지면 언제든 발현하는 자동출력기 같은 거다. 그것은 자식을 낳아 기르면서 비로소 가장 강하게 빛을 발하므로 자식을 낳아 길러보지 않으면 자기도 자신이 어떤 사람인지 알지 못한다.

하지만 그런 엄마도 마음을 쓰고 싶지 않을 때가 있다. 알아도 귀 막고 눈 막고 입 막고 손을 움켜쥐고 발을 멈춘다. 아파서 멈춘다. 마음이 움직이지 않으니 몸은 어쩔 도리가 없다. 신뢰가 깨진 거다. 여자의 모성애는 잠재되고 억압되며 무시되고 거부된다.

하지만 가족이 이해하고 최선을 다하려는 의지만 보인다면 언제라도 다시 모성애를 끌어올릴 수 있는 것이 여자다. 여자보다 강한 것이 엄마인 이유다.

🔺 **Tip for Woman's Heart**

지혜로운 남자는 모성애를 자극할 줄 안다.

여자 마음 **설명서**

"너는 곧 나야!"
○ ○
자식에게 집착하는 여자

Conversation

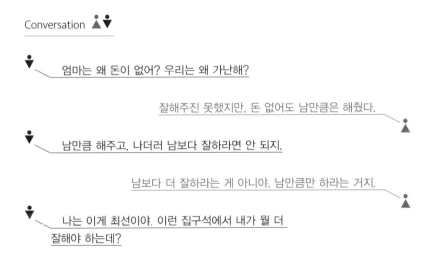

엄마는 왜 돈이 없어? 우리는 왜 가난해?

잘해주진 못했지만, 돈 없어도 남만큼은 해줬다.

남만큼 해주고, 나더러 남보다 잘하라면 안 되지.

남보다 더 잘하라는 게 아니야. 남만큼만 하라는 거지.

나는 이게 최선이야. 이런 집구석에서 내가 뭘 더
잘해야 하는데?

"내가 너를 어떻게 키웠는데"로 시작되는 여자의 넋두리는 끝
날 기미를 보이지 않는다. "우리 엄마 또 시작이야" 하며 귀를 막아

버리는 아이가 야속한 엄마는 한 맺힌 절규를 쏟아낸다. 남편의 냉담함보다 더 아픈 것이 자식의 말 한마디다. 온전히 한 개체로 살던 여자가 배 속에 생명을 품은 것도 엄청난 충격이지만 그 생명과 세상에서 자식으로 만나는 경험은 또 다른 충격이다. 여자가 아닌 엄마라는 의식의 새로운 탄생이고 한 생명에게는 절대적인 존재로의 의미가 된다. 그런 의미들은 여자가 처음부터 자식을 키우기 위해 태어난 사람처럼 집착하게 한다.

결혼만 하면 남편은 완전히 자기 것이 되어 충분히 안정되고 편안하게 살 것이라고 기대하지만 그 기대는 그리 오래가지 못한다. 가족을 먹여 살려야 한다는 남자의 부담만큼이나 여자의 불만도 싹튼다. 결혼 전에는 분명 내 편이던 남자가 결혼과 동시에 남의 편이 되어버린 것 같은 상실감은 자식에게서 보상받고 싶다는 간절함으로 바뀐다. 결코 배신하지 않을 것이라 믿고 또 그렇게 믿고 싶은 마음이 자식만을 꿈꾸게 한다.

여자의 환경(남편의 역할이나 자기 내면의 문제들)에서 시작된 불안이 크면 클수록 자식을 잡아주고 안아주며 챙겨주는 역할을 통해 안정감을 얻고 싶어 한다. 결핍된 자기 심리를 보상받기 위한 행동들은 자식을 위한 일이라는 명목으로 승화(Sublimation, 본능적 욕동 에너지가 자아와 초자아에 보다 용납될 수 있는 목표를 위해 전환되는 것을 일컫는 정신분석용어)되고 사회는 그런 여자의 행위를 현모양처라고 칭찬하고 행동을 정당화시킨다.

이런 여자의 행위는 문제가 아니다. 문제는 여자의 결핍이 크면 클수록 아이가 가진 특성을 고려하지 않고 일방적으로 양육할 가능성이 커지는 거다. 아이도 온전히 고유한 존재로서 특성이 있다는 것을 인정하지 못하는 것이다. 자기가 소망하는 형태로 길러지지 않는 아이는 나쁜 아이 말 안 듣는 아이로 인식되어 여자의 마음에 불편과 불안, 불만으로 남는다. 여자는 그런 심리적, 부정적 요인을 없애기 위해 아이를 규제하고 억압하는 폭력을 행사하게 된다.

언제나 성인이 된 자기 생각으로 아이를 구분 짓고 자기는 마치 어린 시절에 전혀 그렇지 않았던 것처럼 아이를 다그치고 비난한다. 아이에 대한 소망이 크면 클수록 자신의 결핍이 강하면 강할수록 여자는 아이에게 더 큰 폭력(언어적, 신체적, 심리적)을 행사하게 된다. 여자는 자신의 문제에 대한 해결점을 아이에게 두고 철저히 보상받기를 원한다. 그 소망은 사랑이라는 이름으로 집착의 형태로 나타난다.

"이렇게 좋은 조건에서도 못하면 되니?"
"왜 그렇게 게을러?"
"엄마는 너보다 더 못한 환경에서도 해냈어."

여자의 집착은 속칭 '헬리콥터 맘'에서 '빗자루 맘', '고속도로 맘'이라는 변형된 의미로 존재하면서 아이를 무기력하게 만든다.

엄마는 아이의 선택을 모두 무시한 채 모든 것을 다 알아서 챙겨주는 자신이 아주 훌륭하고 의미 있는 일을 한다는 착각에 빠진다. 실패한 자신의 모습을 생각하면 할수록 또는 지금 자신의 권력에 만족하면 할수록 더욱더 완벽한 자식이 되기를 원한다.

이런 엄마의 양육 태도는 아이가 의존적인 상태에서 과도하게 보호받거나 응석 부리는 것을 용납하고 더욱 무기력하게 만든다. 무기력을 느끼면 느낄수록 아이는 엄마에게 집착한다. 청소년기가 되어도 그런 의존적인 행태를 보이면 그제야 엄마가 분리를 시도하지만 이미 때는 늦었다. 몸은 성인인데 정신은 유아기를 벗어나지 못하고 '마마보이'가 된다. 이렇듯 엄마의 해결되지 못한 심리적 문제는 고스란히 아이에게 영향을 미친다. 혼자였던 여자가 엄마이자 양육자로 바뀌면서 많은 객관성이 비이성적인 주관성을 갖게된다. 자신이 이루고 싶은 소망은 자기가 이뤄야 한다. 자기 소망을 대체할 수 있는 것은 없다. 그것은 잠깐의 만족은 주겠지만 결국 또 다른 공허함으로 남을 뿐이다.

부모는 자식에게 자신의 내면 문제의 투사(projection, 정신분석 이론에서 사람들이 다른 사람에게 죄의식, 열등감, 공격성과 같은 감정을 돌림으로써 부정할 수 있는 방어기제. 개인의 성향인 태도나 특성에 대해 다른 사람에게 무의식적으로 그 원인을 돌리는 심리현상)가 아닌 승화로써 아이의 인격이 온전히 완성될 수 있도록 환경을 만들어줄 의무가 있다. 인간은 누구든지 내면의 문제가 있다. 가정 내에서 일어나는 많은 부정적인 일 중 대부분이 부모의 폭력(언어, 신체, 정신)에서 시작된다. 가정에서 가장 만연하게 행해지는 폭력은 부모의 거부나 강제 혹은 무관심이다. 이런 부모의 태도만으로도 아이에게 강한 부정적 메시지를 심고 자존감은 바닥으로 추락한다.

아이는 부모의 소유물이 아니다. 부모가 좌지우지할 수 있는 존재가 아니다. 아이는 아이로서 고유한 인격체이며 그 자신이 스스로에 대한 모든 결정권을 갖는다. 다만 자력의 힘이 생길 때까지만 일정 부분 부모의 도움을 받을 뿐이다. 부모라고 해서 아이의 생각을 무시할 수 없다. 아이는 출생과 함께 자신의 문제에 대한 결정권을 가지며 그 선택권은 언제나 아이에게 있어야 한다. 아이의 나이가 아무리 어리다고 해도 부모가 볼 때 많이 부족하고 서툴러 보여서 용납할 수 없는 선택으로 보인다고 해도 그렇다. 세상을 배워가는 과정은 서투름과 실패의 경험을 통해 가능하다. 부모는 그저 그런 아이의 선택에 대해 잘해낼 수 있을 것이라는 격려와 함께 끝까지 믿고 기다려주는 인내를 보여주는 것으로 충분하다.

요즘 엄마들은 시간이 너무 많아서 탈이다. 일거수일투족 아이의 삶에 100% 관여하는 것은 아이 입장에서 자신의 삶을 침략당하고 규제당하는 거다. 스스로 선택하고 결정하고 자기가 선택한 방향대로 살아볼 수 있게 해줘야 한다. 언제까지 아이의 삶에 끼어들 것인가! '아이가 허락했는가?' 생각해봐야 한다. 부모는 자식의 조력자로 그 자리만 지키고 있으면 그것으로 부모 역할은 충분하다. 자식이 손 내밀어올 때 붙잡아줄 수 있는 부모로 아이 옆에 있으면 된다. 자식에게 필요한 것은 대부분이 지혜다. 지혜로운 부모가 되는 데 필요한 것은 너무나 많다. 지혜를 쌓는 일에 최선을 다하고 자기 삶의 질을 높이는 것에 애쓰는 모습은 자식의 든든한 자산이 될 것이다.

⚠ **Tip for Woman's Heart**

아내가 잘할 수 있는 일을 찾도록 도와주라.

여자 마음 **설명서**

"자랑하는 게 아니라…"

○ ○

자식 자랑에 밤새는 여자

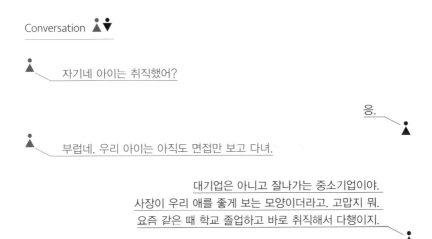

Conversation

자기네 아이는 취직했어?

응.

부럽네. 우리 아이는 아직도 면접만 보고 다녀.

대기업은 아니고 잘나가는 중소기업이야.
사장이 우리 애를 좋게 보는 모양이더라고. 고맙지 뭐.
요즘 같은 때 학교 졸업하고 바로 취직해서 다행이지.

'자식은 곧 나다!'라는 공식을 세우면 그때부터 힘들어진다. '자식은 자식'이라는 공식을 받아들이기까지는 많은 고난의 시간이 필요하다. 처음부터 그런 사고를 갖지 않는 것이 가장 좋다. 하지만 임신은 다른 곳이 아닌 여자의 배 속에서 따로 분리되어 생각할 수 없는 일들이 계속 일어나기 때문에 '자식은 곧 나다'라는 공식이 성립되고 모두가 공인한다. 태동을 느끼면서부터 동일체라는 인식이 더욱 실감나고, 자신이 먹고 듣고 보는 모든 것을 아이가 고스란히 함께한다는 과학적인 뒷받침을 통해 힘을 얻으면서 '아이는 곧 나다'라는 생각은 확고한 믿음으로 자리 잡는다.

아이는 태어났지만 여전히 엄마의 배 속에서 그러했듯이 모든 것에서 24시간을 함께 보내야 한다. 아이를 낳는 순간 엄마는 자기 시간이 아닌 아이의 시간을 살고 아이의 호흡을 따라 숨을 쉰다. 아이가 자면 엄마도 자고 아이가 깨면 엄마도 깨어 아이의 필요를 채워준다. 오히려 엄마의 일을 하는 것이 번거롭게 느껴진다.

그렇게 매일 먹고 자던 아기가 생후 6~7개월이 되어 엄마를 알아보고 웃고 반응하면 그동안의 괴로움은 한순간에 사라진다. 엄마가 눈에 보이지 않으면 울고 어떻게 할 줄 몰라 하는 아이를 보면서 '그래, 아이에게 나는 절대로 없어서는 안 되는 존재야'라는 생각을 다시 한번 굳히게 된다.

하지만 아니다. 빨리 마음을 잘 추스려야 한다. 행복한 마음만으로 이 시기에 관계를 잘 형성하지 못하면 아기는 분리불안장애를 갖게 될 수도 있다. 분리불안장애(Separation Anxiety Disorder, 애착 대상으로부터 분리불안의 정도가 일상생활을 위협할 정도로 심하고 지속적인 경우)는 생후 7~8개월경에 시작해 14~15개월에 가장 강해지고 3세까지 지속된다. 아이에 대한 엄마의 집착이 강할수록 분리 작업이 힘들어지고 심각한 상황이 생긴다.

자신의 감성과 닮은 아기의 모습은 강한 유대관계를 형성하기에 충분하고, 그런 대상자로 있는 엄마는 자존감이 올라간다. 자신의 컨디션과 상관없이 불가피하게 다가오는 많은 상황에 화가 나고 짜증이 나도, 자유로움에 대한 박탈감이 밀물처럼 다가와도, 아가의 웃음소리에서 존재의 의미를 찾고 마음을 다잡는다.

그렇게 아이와 일심동체로 살아온 엄마는 많은 부분 아이와 동일시가 된다. 심지어 아이가 숙제를 못 해가면 마치 자신이 못 한 것처럼 죄의식을 느낀다. 상황이 이 지경이 되면 자식 생각에 24시간도 모자라 25시간을 살고 자식을 위해 숨을 쉬는 것이 이상한 일이 아니게 된다.

자식 이야기는 곧 자기 이야기다. 자존감이 낮은 여자일수록 자식에게 몰입한다. 자기로서 인정받을 만한 것이 없다고 생각하기 때문에 좋은 작품(자식의 성공)으로라도 인정받으려고 최선을 다한다. 그런데 자식이 어디 그런가! 그렇게 애지중지 '자식은 곧 나'라는 심정으로 혼신의 힘을 다해 길러도 머리가 굵어지면 자기 스스로 자란 듯 큰소리치고 엄마를 무시한다. 그도 그럴 것이 엄마의 지나친 사랑이 간섭으로 늘 아이를 옥죄었을 테고 아이는 엄마의 과도한 희생이 부담스러웠을 것이다. 아이에게 엄마는 고마운 존재이기도 하지만 귀찮고 부담스러운 사람일 수 있다. 엄마는 아이의 입장에서 생각해보지 못했고 아이도 엄마의 입장이 되어 보지 못한 아픔이다.

"그러니까 엄마도 엄마 인생 살아!"라는 이야기를 들으면, 하늘이 무너지고 땅이 꺼지는 심정이지만 그 어디에서도 보상받을 길은 없다. 자식에게서 받은 박탈감, 허탈감은 자식으로 보상되어야 하지만, 그렇게 엄마 마음처럼 보상해줄 자식은 없다. 잘 살아갈 수 있을지 많이 불안하지만 좌충우돌 자기 삶을 사는 자식을 믿고 지켜보는 수밖에 도리가 없다. 그것만이 독립된 인간으로 자존감을 갖고 당당히 세상을 살아가야 하는 자식을 위해서도 옳은 일이다.

엄마 또한 언제까지 자식과 함께할 수 없다. 양육에는 정해진 기간이 있고 그 기간이 끝나면 엄마로서의 중차대한 역할에서도 조금씩 손을 놓아야 한다. 다시 여자인 한 개인으로 자기를 세우지 않으면 빈 둥지 증후군(Empty Nest Syndrome, 자녀가 독립해 집을 떠난 뒤에 부모나 양육자가 경험하는 슬픔, 외로움과 상실감)에 시달리게 된다. 그렇다고 매번 자식을 불러 위로받을 수도 없고 그런 시간이 길어지면 자식은 부담을 갖게 되어 더욱 강하게 엄마를 밀어낸다.

성장은 곧 분리를 의미한다. 그러한 인정이 빠를수록 엄마도 자신의 주체성과 자존감을 더 빨리 회복할 수 있게 된다. 자식 자랑이 아닌, 성장하고 성숙해가는 자기를 자랑하기 위해 최선의 노력을 다해야 한다. 아이에게는 조금 소홀할 수 있을지 모르지만 둘 다 완벽하게 잘하기는 쉽지 않다. 그것은 양해와 이해의 문제다. 아이는 엄마가 좌충우돌 자기 계발을 위해 노력하는 모습을 보면서 자신의 모습을 만들어간다. 산교육이다. 자기가 지금 잘할 수 있는 일이나 취미 활동을 찾을 필요가 있다. 그런 모습에서 아이들은 안정감을 느끼게 되고 더 많은 지원을 해줄 것이다. 엄마들이 더는 자식 이야기로 밤새지 말아야 한다.

⚠ Tip for Woman's Heart

자녀를 통한 것이 아닌, 그녀 자체를 인정하고 응원해주라.

여자 마음 설명서

"남자들은 왜 그래?"
○ ○
남편 욕하는 여자

Conversation

 자기 남편은 안 그래?

우리 남편도 그렇지. 남자들은 왜들 그런지 몰라.

그러게. 어제 또 싸웠잖아. 매일 싸우는 게 일이야.
지겨워.

맞아. 안 싸우려고 해도 보면 싸우게 돼.
남자들은 바보 같아.

금쪽같은 내 새끼를 욕할 수는 없다. 자식은 애간장이 녹는 아픔
으로 있다. 하지만 남편은 다르다. 내가 낳지도 않았을뿐더러 '시' 자

달린 여인이 낳은 자식이다. 여자는 자신이 키운 자식과 시어머니가 키운 자식을 끊임없이 비교한다. 경쟁하는 거다. 보란 듯이 잘 키워서 당신보다 자신이 더 잘났음을 인정받아야 한다. 그런 자식이 나를 안 닮고 미운 짓만 하는 남편을 닮았다. 배려 없고 사고력 떨어지고 능력까지 없는 남편의 모습이 금쪽같은 자식에게서 보이면 남편은 원수가 되고 어느 순간 여자의 머리에서 사망이다.

남편이 미우면 미울수록 남편 닮은 자식 모습은 용서가 안 된다. '도대체 왜 그런 걸 닮는 건데?' 터지는 속을 달래려고 엄한 아이를 잡지만 소용없다. 남편은 갈아 치우면 된다지만 자식은 어떻게 할 도리가 없는 거다. 미친다. 일이 잘 안 풀려도 남편은 도마 위 양배추다. 모든 것이 내 남자 탓이고 그렇게라도 탓을 해야 직성이 풀린다. "잘해준다며? 고생 안 시키겠다며? 다 사기였어?" 골백번은 더 쏟아낸 말이지만 답은 없다. 물은 엎질러졌고 차는 떠났다. 그래서 그냥 노가리 씹듯이 그렇게 씹기라도 하는 거다.

여자는 이렇게 자신의 트라우마를 해소한다. 투사라도 해야 산다. 사실 이러한 여자들의 심리에는 물론 보상심리가 가장 두드러지지만 자신도 어쩔 수 없는 자기 안의 트라우마를 해결하지 못해서 더 그러는 거다. 남자도 트라우마가 있고 하고 싶은 말이 많다. 하지만 결혼을 위해서 쏟아낸 지키지 못할 공약들이 있으니 참는 수밖에 도리가 없다. 그래도 남의 남편 욕하는 것보다는 나은 일이다. 그러면 싸움질이나 하고 다니는 여편네랑 살게 될 테니 남자 입장에서는 그래도 이게 낫다 생각해야 한다. 여자들이 남편을 '남의 편'이라서 '남편'이라고 한다는 논리는 여전히 많은 여자에게 신뢰받고 있다. 이 말은 역으로 말하면 '자기편 들어달라'는 협박이다.

여자들에게는 시어머니와의 갈등이 가장 핵심 논쟁거리다. 시어머니라고 딱히 규정짓지 않는다고 해도 그렇다. 아내가 자기 어머니 이야기를 하면 많은 남자는 대충 듣거나 안 들으려고 한다. 심한 경우 화를 내고 집을 나가버린다. 그렇게 해결될 일이 아닌 것을 알지만 방법을 모르기 때문에 반복된다. 아내가 어머니 이야기를 하는 것은 아내에게 어머니가 경쟁자로 있다는 증거다. "당신 어머니 왜 그래? 꼭 그렇게 말해야 하는 거야? 매번 나를 못 잡아먹어서 안달 난 사람 같아!" 이런 말이 쏟아져 나오는 이유다. 어머니가 경쟁자가 아니라 어른으로 있다면 이런 말을 하지 않는다. 대부분 '어머니니까. 어른이니까' 하면서 인정하고 불편해도 참고 수용한다. 매번 부딪힐 때마다 참고 참다가 한번 말을 내뱉으면 꼭 싸움이 된다. 참는 것은 이론적인 지식에 대한 궁금증을 미루는 것이 아니라 감정을 쌓아두는 것이라 한 번에 폭발한다. 그럴 때 남편은 무조건 아내 편을 들어야 한다.

어른들 말씀에 싸움은 말리고 흥정은 붙이라고 했다. 감정이 올라간 아내의 마음부터 다독여주고 나중에 차 한잔하면서 조곤조곤 이야기하면 안 들을 여자는 없다. 꼭 감정이 불붙었을 때 맞불을 놓으니 싸움은 전쟁이 되고 휴전은 냉전이 되어 사니 안 사니 하는 거다. 사실 여자가 어머니 이야기를 꺼내는 것도 자신의 노고를 인정 받고 싶어서다. 들을 때는 자기 어머니 이야기니 기분이 상하겠지 만, 조금만 참았다가 그 마음을 읽어주면 막무가내로 욕하던 마음 도 눈 녹듯 해결될 것이고 그 횟수는 점차 줄어들 일이다. 이것만 잘 해결되면 남자는 여자한테 욕먹을 일 별로 없다. 다른 것은 대 부분 넘어간다. 이성 문제만 아니면 그렇다. 여자가 결혼하는 가장 큰 이유는 '자기편' 하나를 얻기 위해서다. 그런 내 편이 내 편 안 들고 시어머니 편, 시형제들 편을 들면 누가 좋아하겠는가! 지혜로 운 남자가 잘 산다.

🔺 Tip for Woman's Heart

상황을 파악하고 지혜롭게 대처하시라.

"저녁은 뭐 해줄까?"

○ ○

가족에게 헌신하는 여자

Conversation

애들아, 오늘은 일찍 들어오니?

왜요? 좀 늦을 것 같은데요.

들어와서 밥 먹을 거지? 엄마가 부대찌개 끓여놓을게.

나가봐야 알아요.

자나 깨나 가족 생각에 전전긍긍하는 여자가 있다. 모임에 나와서도 온통 가족 생각에 마음을 놓지 못한다. 놀아도 노는 것이 아니고 웃어도 웃는 것이 아닌 채로 부랴부랴 일어선다. 두 손 가득 찬거리를 든 여자는 무거운 것도 잊은 채 가족이 좋아할 음식을 차려낼 생각으로 마냥 행복하다. '그래 인생 뭐 있어? 이것이 최고의 행복이야! 자기들이 아무리 잘난 척해도 나만 하겠어? 남편 벌어오는 돈으로 살림 잘 사는 게 최고지!' 여자는 오늘도 앞치마를 두르고 싱크대 앞에서 콧노래를 부른다. 가족들이 우왕좌왕하며 자신을 찾을 때도, 똑똑하고 현명해서 무엇이든 잘하는 남편이 그깟 양말 하나 못 찾아 매번 도움을 청할 때도, 여자는 넘치는 존재감으로 충분히 행복하다. '그래 이 남자는 나 없으면 못 살아' 핀잔을 쏟아내면서도 어깨를 들썩이며 자족한다. 한바탕 전쟁을 치른 후 허리가 뻐근할 즈음 오전 일과를 마무리하고 거실 중앙까지 들어온 햇볕을 벗 삼아 들고 앉은 진한 커피 향에 취한다. '아, 행복해!' 아침 드라마를 보면서 괜스레 눈시울도 붉혀보고 아무 관련도 없는 엄한 여자에게 욕도 퍼부어가며 '나는 저런 여자들과는 달라' 가슴 깊이 솟아나는 행복감에 젖는다.

이런 행복감은 노력에 대한 보상이 있을 때 가능하다. "당신, 고마워", "엄마, 감사합니다"라는 말과 인정이 있을 때라야 여자는 자신의 삶에 의미를 찾고 가치 있는 삶이라는 생각에 자존감이 올라간다. 그렇지 못할 때는 여자 내면의 트라우마가 솟아 나와 반복되는 일상이 지겹고 의미 없어지게 하는 요인이 된다. 사람은 누구나 보상받기 위해 행동한다. 어떤 형태의 봉사활동도 긍정적인 피드백이 없다면 지속될 수 없다.

독일 출생의 미국 정신분석학자인 호나이는 인격 형성에 사회적·환경적 요인의 중요성을 강조했다. 그녀가 주장하는 성격 형성 중의 하나인 '애정과 사랑 확보(Securing Affection and Love)' 개념은 기본적 불안으로부터 자신을 보호하려는 심리현상에서 출발한다. 이러한 기제는 '만약 당신이 나를 사랑하면 나를 해치지 않을 것이다(If you love me, you'll not hurt me)'라는 생각으로 타인에게 자신을 사랑할 수밖에 없는 상황을 만들려고 노력한다는 거다. 만약 지금 사랑받고 있는 이 상황만 지속된다면 자신에게 향한 애정과 사랑도 변함없을 것이라는 믿음 때문이다.

가족에게 온전히 헌신하는 여자는 어느 부분 심리적 불안 상태에 있다고 볼 수 있다. 물론 어떤 상황에서든 불안이 없는 사람은 없다. 엄마로서 여자의 불안은 가족 사랑이라는 이름으로 있지만, 자신의 성장을 위한 노력을 넘어서는 집착 수준이 될 때는 위험하다. 물론 먹고사는 문제가 위협당할 경우는 어쩔 수 없는 일이지만 그런 경우가 아니라면 가족을 돌보는 일도 자기 발전을 위한 일과 병행되어야 한다. 자기 발전을 위한 일은 완전히 접어둔 채로 오직 가족만을 위해서 시간을 모두 사용하는 것은 부적절한 모습이다. 이렇게 되면 가족 해체에 대한 불안은 언어와 행동으로 가족을 옥죄며 간섭하고 불편하게 할 수 있다.

해체라는 것이 반드시 나쁜 것만은 아니다. 가족이라고 해서 항상 한 장소에서 다 함께 얼굴을 보며 살아야만 하는 것은 아니다. 떨어져 있어야 좀 덜 불편한 관계도 있는 거다. 아이도 성장하면 부모를 떠나는 것이 좋다는 선현들의 말이 그냥 있는 것이 아니다. 싸우더라도 굳이 함께 살지 않으면 안 된다는 생각에 집착하는 사람도 있다. 과거 유교적 가족 형태에서는 이런 생각이 옳다고 인정됐지만 지금도 그 원칙에 얽매여 있는 사람도 있다. 물론 가족이 함께 살면서 느꼈던 행복이 그리워 그런 삶을 소망하는 사람도 있다. 하지만 대부분의 경우 그런 삶을 원치 않는다. 함께 살면서 얻게 되는 득보다 실이 더 많다고 판단하기 때문일 거다.

이런 경우는 일반적인 사회현상이라고 할 수도 있지만 그 정도가 지나쳐 집착에 가까운 형태의 반응을 보이는 사람이 있다. 이런 사람들은 어린 시절 가족 해체의 경험했을 경우가 많다. 그래서 자신은 절대로 그런 해체를 경험하지 않기 위해서 최선의 노력을 한다. 자신의 삶을 포기하고라도 가족만 지킬 수 있다면 어떤 어려움도 감수하게 된다. 이렇게 자기 내면의 불안에 오랜 시간 노출되면 그 불안은 강화되고 혹시라도 해체의 위협이 느껴지면 엄청난 절망감에 휩싸인다. 삶의 의미를 잃고 존재감을 상실한다. 강하게 소망하던 것일수록 상실의 충격은 크다. 사람은 완벽할 수 없다. 누구나 불완전한 자기를 산다. 가족을 위해 헌신하고 오직 가족만을 생각하는 사람 중에는 그런 자신의 마음에 자기도 의식하지 못한 불안이 내재되어 있다는 것을 발견하면 일정 기간 또 다른 불안을 경험한다.

가족은 누구의 희생으로 완전해지지 않고 그렇게 되어서도 안 된다. 희생이라는 의미 자체가 이미 오류를 내포하고 있다. 가족은 서로 또 같이 마음을 위로하고 이해하며 고유한 전통을 공유하며 살아가는 가장 작고 아름다운 공동체여야 한다. 가족을 사회 구성의 가장 작은 단위라고 한다. 가족은 가장 작은 사회 집단이다. 사회 구성원들은 각자의 역할과 의무가 있고 그런 일들을 성실히 해나가는 개인이 모여 건강한 사회를 만든다. 가족이 일반 사회와 다른 특징은 혈연집단이라는 거다. 혈연관계인 각자가 자기 일을 성실히 해나가며 따로 또 같이 사는 형태가 가족이다. 혈연이라는 이유로 누구 하나가 희생해 그 공동체를 이끌어가야 한다는 것은 오류다. 지금도 가족을 위한 삶에 누군가 전적으로 희생하고 있다고 생각된다면 다른 가족 구성원들은 자신의 역할을 다시 돌아봐야 할 것이다. 역할에는 의무도 있지만 권리도 있다. 조금은 자신을 위해 살아도 된다. 인생은 결국 혼자다.

🔺 **Tip for Woman's Heart**

'당신은 꼭 필요한 사람'이라는 메시지를 자주 보내라.

여자 마음 **설명서**

"걱정되어서 그러지!"
○ ○
잔소리하는 여자

Conversation

△ 잘 찾아갈 수 있니?

그럼요. 길 찾기 어플 보면서 가면 돼요. ▼

△ 그래도 그것만 믿지 말고 그곳에 직접 전화해서
물어봐라. 그게 더 정확할 수 있어.

저 아기 아니에요. 걱정하지 마세요. ▼

많고 많은 말 중에 가장 짜증나는 말이 잔소리다. 말하는 사람
이 아무리 좋은 마음으로 해도 듣기 싫다. 왜 그럴까? 우리는 가끔
'말 같지 않은 말'이라는 표현을 쓸 때가 있다. 말은 말인데 이론도

없고 맥락도 없어서 듣기가 불편할 때 쓴다. 그렇다면 말은 뭐고 잔소리는 뭔가? 이 둘을 구분하는 기준은 뭘까? 사전에 '말은 사람의 생각이나 느낌 따위를 나타내는 소리', '잔소리는 쓸데없고 자질구레한 말을 늘어놓음'이라고 규정지어 놓았다. 같은 언어로 표현하는데 어떤 것은 말로 인정받고 어떤 것은 잔소리로 인정받는다는 것은 그 문장이 가진 가치의 차이일 것이다.

그렇다면 지금 사용되고 있는 언어를 '말'로 인정할 것인지 '잔소리'로 인정할 것인지는 누가 정할까? 그것을 정하는 사람은 대부분 그 말을 듣는 사람이다. 타인의 말을 들어보고 판단하건대 어떤 것은 말이 되고 어떤 것은 잔소리가 된다. 하지만 누구도 자신이 하는 말이 타인에게 잔소리로 들리기를 원하지 않을 것이다. 자신이 사용하는 문장이 언제나 말로써 인정받기를 원할 것이다. 그 이유는 말하는 사람 자신이 스스로 가치를 정하고 '내가 지금 하는 말은 잔소리 아니고 말이니까 잘 들어!'라는 메시지로 시작하기 때문이다. 이런 생각은 토론장이나 대담 자리에서 벌어지는 주장이라면 별문제가 없다. 어떻게든 자신의 주장을 소신 있게 펼쳐야 하는 자리이기 때문에 다소 일방적이어도 문제 되지 않는다. 문제는 일상생활에서 사용할 때다.

잔소리로 들리는 말은 대부분 아주 친한 사람이나 애정관계에서 불시에 사용하는 경우가 대부분이다. '밥 먹고 다녀라. 술 좀 덜 먹어라. 일찍 들어와라. 돈 아껴 써라. 다른 여자 쳐다보지 마라.

전화 자주 해라. 문자 씹지 마라' 등등. 생각해보면 가치 없는 말은 하나도 없다. 그 사람이 그렇게 말하는 데는 다 이유가 있고 그럴 만해서 한다. 그런데 왜 이런 말들은 인정받지 못할까? 이런 종류의 말은 시작하려고 하면 상대방은 대번에 짜증부터 낸다. 사람들이 이렇게 반응하는 이유는 말하는 방법에 문제가 있기 때문이다.

자신의 의도가 상대에게 받아들여지려면 규칙을 지켜야 한다. 마치 토론장에서 발언권을 얻어서 말을 하듯이 자신의 생각을 내뱉기 전에 들을 대상에게 발언권을 얻어야 한다. 그렇지 않으면 대부분 실패한다. 그 이유는 상대가 지금 들을 준비가 되어 있지 않거나 그 말에 따라 실천할 마음이 없기 때문이다. 결국 말하는 사람은 입만 아프고 듣는 사람은 짜증만 나는 결과를 낳는다. 예를 들면 애인에게 하고 싶은 말이 있을 때는 갑자기 본론을 말하지 말고 "나 이번 여행에 대해 할 말 있는데 언제 시간 좀 내줄 수 있어?"라고 대화에 참여할 의사가 있는지 물어봐야 한다. 그런 다음 함께 시간과 장소를 정하고 주제에 맞는 대화를 하게 되면 두 사람이 피차 합당한 답을 찾게 된다. 이런 대화 형태는 많은 사람이 일상생활, 특히 가족관계에서는 활용하지 않지만 이 방법을 몸에 익히기만 한다면 그 주제가 무엇이든 상관없이 상대는 내 말을 잔소리로 듣지 않고 진심 어린 요구나 조언으로 생각하고 나쁜 감정 없이 행동을 수정하게 된다.

특히 어린아이를 기르는 부모는 이 방법을 반드시 실천해야 한다. 그래야 아이가 청소년기가 되고 성인이 되어도 자기 생각을 함부로 주장하지 않고 자신이 원하는 것을 얻기 위해서는 타협하고 협상하며 설득해야 가능하다는 것을 자연스럽게 익히게 된다. "무슨 직장도 아니고 집에서까지 이렇게 살아야 돼?"라고 반문하고 싶겠지만, 너무나 친밀해서 예의 없이 함부로 할 수 있는 감정 집단인 가족관계에서는 특히 필요한 대화법이다.

대부분의 사람이 밖에서는 좋은 사람이라는 소리를 듣지만 집에서는 빵점이라는 평가를 받게 되는 이유는 배려가 없기 때문이다. 배려라는 단어는 가족관계에서는 왠지 낯설게 느껴질 수 있다. 하지만 그 어떤 집단보다 더 절실하게 필요한 것이 가족관계에서의 배려다. 너무나 가까워서 도대체 어떤 규율도 필요 없다고 생각하기 때문에 상처를 가장 많이 받는 대상이 가족관계다. 함부로 말하고 어떻게 행동하더라도 이해되고 수용될 것으로 생각하는 것에서 갈등은 시작된다. 가족은 가장 친밀하지만 가장 어려운 관계다. 하지만 한 가지 '누구도 타인의 생각에 함부로 들어갈 수 없다'라는 원칙을 정한다면 불가능하거나 불편할 이유가 없다. 배려는 상대의 입장을 생각하는 거다. 언어적, 정신적 폭력은 배려가 없을 때 생긴다. 그런 이유로 발생하는 불필요한 감정싸움을 피하려면 말하는 방법을 배워야 한다.

1975년 3월 4일 〈뉴욕타임스〉지가 '하나의 거국적 운동'이라고 소개할 만큼 효과적인 대화법으로 소개한 부모역할훈련(P.E.T,

Parent Effectiveness Training)이 있다. 이 대화법의 시작은 아이를 기르는 엄마들에게 자녀와의 관계에서 갈등이나 부적절한 요구사항을 해결하고 가장 효율적인 형태로 관계를 개선시켜나가는 방법으로 소개됐다. 이 대화기법은 상담현장에서도 활용되고 있는 기법으로 그 핵심은 사전적 의미로도 해석되고 있는 '말', 즉 자신의 감정과 기분을 솔직하게 표현하고 타인의 감정과 기분을 충분히 읽어주는 것이다.

우리가 가족관계에서 주로 사용하는 말 대부분은 설명이나 주의 교훈 등의 형식이다. 부모는 자식을 기르는 것은 가르치는 것이라는 생각에 집중되어 있어서 아이만 보면 뭔가를 자꾸 가르치려고 한다. 자신이 그런 환경에서 자랐고 배워서 자손들에게도 아무런 거리낌 없이 배운 대로 실천하는 거다. 하지만 정말 잘못된 생각이다. 가족은 서로를 가르치는 관계가 아니다. 가족은 더불어 사는 관계다. 말이 아닌 행동으로 서로 보고 배우는 집단이다. 가르치고 교육하는 것은 가정이 아니라 교육 집단에서 이뤄진다. 이것이 분리되지 못하면 피교육자로 있는 아이들은 교육자로 있는 아버지나 어머니를 보면 늘 주눅이 들어 자기 생각을 제대로 평가받지 못하게 되고 잦은 질책을 받게 되면 자존감을 잃게 된다. 이런 일들은 대부분 가정에서 사랑이라는 이름으로 지금도 벌어지고 있는 일들이다. 아버지 말씀은 법이라는 사고방식을 주입하는 것과 같다. 이런 비합리적인 모습이 되지 않기 위해서는 합리적으로 대화하는 방법을 배워야 한다. 그래서 지금 대화법의 핵심요소 다섯 가지를 소개하려고 한다.

첫째, 대화할 분위기를 만들어라.

둘째, 자신의 불편한 감정("불편하다. 화난다. 속상하다" 등등)은 말하되 상대를 질타("너는 왜 그래? 너 때문이야! 네가 이런 상황을 만들었어!" 등등)하는 말은 피하라.

셋째, 타인의 감정을 읽어 말로 표현("내 행동에 네가 불편했다는 것을 몰랐어. 미안해")해주고 (수용할 수 없는 감정이라고 하더라도) 그 감정을 인정하라.

넷째, 읽은 감정에 따라 행동을 수정하라.

다섯째, 일련의 과정에서 서로 격려하고 칭찬하고 용기를 줘라.

잔소리는 당신도 듣기 싫다. 잔소리를 대화로 바꾸는 것은 많은 노력이 필요하며 노력하면 누구나 할 수 있고 그 효과는 기대 이상의 결과를 낳는다. 실제로 갈등관계에 있는 사람들에게 이 방법을 사용하게 되면 제일 먼저 경험하는 것이 할 말이 없어진다는 것이다. 그만큼 우리가 하는 대부분의 말은 하지 않아도 되는 말들이다.

우리는 자주 강박에 시달린다. 특히 여자들은 자기 이외의 사람들(가족 포함)과 있으면 말을 해야 한다고 생각한다. 그래서 상대를 만나면 온종일 있었던 일을 보고하듯이 말한다. 그것이 친밀감의 표현이고 관심의 표현이라고 생각해서 때로는 귀찮고 힘들어도 의무적으로 하기도 한다. 하지만 말을 하다 보면 좋은 말, 긍정적인 말만 하는 게 아니라 잔소리가 되고 감정이 생겨 상처를 주게 된다.

　대부분의 상황에 대한 의미는 자신이 말하지 않아도 상대방도 알고 있다. 두 사람이 갈등상황이라면 더욱더 서로의 상황을 잘 알고 있다. 굳이 다시 장황하게 자신의 상황을 설명하고 서로의 상황을 설명하는 것은 의미가 없다. 서로가 그런 상황을 몰라서 갈등하고 있는 것이 아니기 때문이다. 이럴 때 중요한 것은 서로의 감정이다. 지금의 갈등으로 자신이 또 상대가 얼마나 힘들어하고 있는지 낙담하고 실망하며 망설이고 미안해하며 어색해하고 있는지를 말하면 된다. 그런 지금의 감정들은 말로 하지 않으면 내가 상대의 감정을 잘 알지 못하듯이 상대도 나의 감정을 알 수가 없다. 정작 해야 할 말은 하지 않고 자꾸만 모두가 알고 있는 상황만 이야기하니 그 말은 변명으로 들리고 잔소리로 들리고 싸우자는 말로 들려서 오해의 골은 깊어지게 된다. 이런 악순환을 경험하게 되면 "대화가 안 된다. 말해야 소용없다. 듣지도 않는다"라는 말로 포기해버린다.

　상황설명은 이제 그만해야 한다. 그냥 "미안해. 생각이 짧았어. 미처 생각하지 못했네. 많이 속상했어. 고맙게 생각해"라는 말 한마디면 끝날 일들이 대부분이다. 서로가 그 말 한마디가 듣고 싶어 서로 싸우고 잔소리하고 갈등하는 거다. 잔소리하지 않는 방법은 말하지 않아도 알 수 있는 내용은 말하지 않는 것이다. 예를 들면 "늦게 다니지 말아라. 용돈 아껴 써라. 술 좀 덜 먹어라" 같은 말은 굳이 하지 않아도 그들도 다 아는 문제다. 이런 말을 또 하는 것은 에너지 낭비고 다툼의 빌미가 된다. 이런 잔소리를 "피곤하지? 너 왔으니까 잘래", "이 술국이 당신 몸을 충분히 지켜줬으면 좋겠어"라는 말로 바꾸면 자기 행동에 대해 고민하게 된다.

잔소리는 상대의 문제가 자신의 문제로 있을 때 하게 된다. 지금 벌어지고 있는 문제가 상대의 문제라는 것을 안다면 잔소리하지 않는다. 자신의 문제가 아니고 그 사람의 문제이기 때문에 자신이 그 문제에 개입할 필요가 없는 거다. 상대의 행동으로 내가 지금 불편하다면 그 감정만 전달하면 된다. "네가 그렇게 행동하니까 내 마음이 아프다"라는 감정만 전달하면 된다. 그러면 내 감정의 소리를 듣는 상대는 '걱정하고 있구나. 힘들어하고 있구나. 실망하고 있구나'로 인식된다. 어차피 지금의 행동을 수정하는 사람은 본인이다.

사실 잔소리하는 사람의 마음은 상대가 자신의 이런 감정을 알아주기를 기대하고 하는 거다. 하지만 지금의 말 형태로는 아무리 반복해도 그 마음을 이해받기가 어렵다. 잔소리라는 단어가 부정적인 의미라는 것을 알고 있기 때문이다. 자신의 기대가 아무리 옳다고 해도 상대가 실천하지 않을 때는 그만의 이유가 있으리라는 것도 인정해야 한다. 부모라고 아내라고 남편이라고 해서 무조건 상대의 행동이 자신이 원하는 대로 되어야 하는 것은 아니다. 그저 그렇게 되기를 바랄 뿐이다.

아무리 자신의 감정을 이야기해도 행동에 수정이 없을 때는 이유가 무엇인지 구체적으로 물어보는 것도 한 방법이다. 그 행동을 하는 주체가 상대방이고 그 일을 계속할지 그만둘지를 결정하는 것도 상대방이기 때문에 당사자가 아닌 엄마가 채근하듯이 묻는 것은 잘못된 방법이다. "사실 엄마가 네 그런 행동 때문에 많이 불편해하고 있는 거 알지? 그 행동을 그만두지 못하는 이유가 따로 있니?"라고 물어보면 대부분의 아이는 이야기한다. 그런 다음 찾아낸 이유를 두고 함께 고민하고 해결책을 찾아가는 과정이 진정한 대화다. 이 방법은 잔소리를 대화로 바꾸는 가장 효과적인 방법이다. 효과적인 말은 상대를 고민하게 하는 말이다.

🔺 Tip for Woman's Heart

함께 바꾸던지, 가르치던지, 혹은 배우던지.
행동 가능한 것을 선택하라.

"아들~♡"
○ ○
마마보이를 소망하는 여자

Conversation

아들, 밥은 잘 먹고 다녀? 어디 아픈 데는 없고?

네.

민영이가 아침은 잘 챙겨주니?
걔가 잠이 많은 것 같아서 걱정이다.

아들은 이루지 못한 소망이다. 평소 남자에 대해 좋은 생각을 갖지 않던 여자도 아들을 낳으면 자기도 모르게 이중적 태도로 변한다. 내 아들은 좋고 다른 남자는 별로야 하는 식이다. 딸아이를 기를 때와는 마음이 다르다. 아들을 앞세우고 길을 나서면 엄마 여자는 천지에 부러울 것이 없고 그런 아들을 낳은 자신이 대견스럽고 뿌듯해진다.

남근 선망(Penis Envy, 여아들이 남자 형제나 남자 친구에게는 있는 남근이 자신에게는 없음을 알게 되어 실망하고 남근을 갖기를 원하는 것)은 남근을 가진 아들을 낳는 것으로 소망을 이루는 것이다. 이런 소망은 양육과정에서 아니무스(Animus, 여성의 무의식 속에 있는 남성적 요소)적 생각과 판단을 하게 된다. 그 기억들은 평소에 조상 대대로 남자에 관해서 경험한 모든 것들로 집단무의식(Collective Unconsciousness, 인류가 진화의 과정을 거쳐서 현재에 이르기까지의 오랜 경험을 통해 저장해온 모든 잠재적 기억흔적)으로부터 영향을 받는다. 아들을 자신의 상상 속의 영웅으로 키우기 위해 최선을 다한다. 이런 중복된 이미지는 '남자'라는 이름으로 행해지는 많은 것들에 부정적이었던 여자도 '남자는…'이라는 말로 가르치게 하는 요인이 된다.

아들에 대한 집착이 강하면 강할수록 여자는 자신만 바라보는 아들로 키우게 된다. 호나이는 역설적으로 부모가 사랑이라며 훈육하는 것은 자식에게 부모에 대한 적대감을 억압하기 위한 수단이 된다고 주장했다. 다시 말해 엄마가 '사랑하니까'라는 이름으로 행하는 체벌, 훈육, 간섭, 잔소리 등과 같은 것들은 자식들에게 엄마를 거역하지 못하게 하는 빌미가 된다는 거다. 이때 엄마와 아이의 관계는 평행이 아닌 수직의 관계가 되어 아이는 엄마를 떠날 수 없게 된다. 엄마는 모든 것을 해결해주는 사람이고 아이는 그러한 엄마에게서 해택을 받아야 하는 존재로 엄마의 그늘에 계속 있게 된다. 그런 아이는 부모의 뜻에 반하는 행동을 하는 것에 상당한 불안을 느껴서 엄마의 행동이 불합리하다는 것을 알지만 벗어나지 못하는 지경이 되어버린다. 엄마 또한 불안해하는 아이의 모습을 보면서 더욱더 자식에게 집착하게 되는 악순환이 되풀이된다.

엄마의 이런 불안은 며느리에게 투사의 형태로 나타나기도 한다. 아들의 행동 중에 총각 때는 보이지 않던 모습이 보이면 며느리를 쥐 잡듯 잡는다던가, 그것도 믿음이 안 가면 생활비를 갈취해서 총각 때처럼 모든 것을 관리하기도 한다. 며느리가 혹시라도 아들에게 소홀히 대할까 봐 매일 매시간 전화로 일거수일투족을 묻고 감시하지만 듣는 것으로 성이 차지 않아 불쑥불쑥 찾아가 눈으로 확인한다. 한 몸같이 살았던 소중한 아들을 생면부지 여자(며느리, 경쟁자로서의 존재)에게 뺏기는 것은 상상도 하기 싫은 현실인 것이다.

양육과정에서 엄마와의 지나친 애착관계를 형성한 아들 자신도 몸은 장성해서 새로운 가정을 이뤘지만 분리불안장애로 엄마와의 관계를 변함없이 유지하고 싶어 한다. 일거수일투족을 챙겨주고 관리해줬던 엄마를 떠나 혼자서 무엇인가를 결정해야 하는 것은 엄청난 불안이다. 그래서 틈만 나면 엄마 곁으로 달려가 안긴다. 엄마나 아들 입장에서야 둘의 애착관계가 죽을 때까지 유지된다고 해서 서로 불편할 것이 없지만, 아내는 이런 남자와 살 수 없

다. 자신은 그렇게 나고 자라서 그런 환경에 익숙하다고 하지만 아
내는 무슨 죄인가! 남자든, 여자든 정신 차려야 한다. 아니면 빨리
헤어지는 게 상책이다. 자식이 장성하면 부모를 떠나는 것이 맞다.
부모는 자식이 자기 삶의 몫을 건강하게 해내는 것을 보는 것이 가
장 큰 행복이어야 맞다. 아들 또한 그렇게 당당하게 자신의 삶을 살
아내는 모습으로 부모의 은혜에 보답해야 한다. 뭐든 지나치면 불
행이다. 스스로 돌아보고 무엇에 집착하는지 자주 살펴야 한다. 분
리가 곧 성장이다.

🔺 Tip for Woman's Heart

선택하시라. 아내인지, 엄마인지.
어중간한 태도는 두 여자를 모두 힘들게 한다.

여자 마음 **설명서**

"옆집 애는!"
○ ○
옆집 아이에 눈 돌아가는 여자

Conversation 🔺💃

🔺 　우리 민이, 학원 두 군데는 너무 적은 것 같아.
　옆집 아이는 학원을 네 군데나 다닌대.

애가 그렇게 시간이 돼?
그거 다 하면 애가 도대체 몇 시에 집에 오는 거야?
💃

🔺 　새벽이지. 다들 그렇게 해. 안 그러고 어떻게
　원하는 대학에 가겠어.

　매사에 못마땅하다. 똑같이 자고 먹고 싸는데 왜 다른지 모르
겠다. 옆집 아이가 몇 시간 자는지 무슨 문제지를 푸는지 학원은
몇 군데나 다니는지 조사한 지 오래됐다. 내 자식은 분명 그 녀석

보다 더 오랜 시간 공부하고 더 많은 학원을 보내는데도 들려오는 소문은 내 자식보다 늘 앞선다. 그 애는 공부만 잘하는 게 아니다. 성격도 좋고 잘생기기까지 했다. 이사를 하든지 이민을 하든지 해야지 살 수가 없다. 아무리 비교를 안 하려고 해도 모이면 그 집 그 아이 이야기다. 왜 하필 내 아들과 나이도 같은가! 이것은 저주다. 날마다 신경전에 심리전이다. 어떻게 하면 이 상황을 역전시킬 수 있을지 오직 그 하나에 꽂혀 있다.

호나이는 개인이 안전 확보를 위해 기본적 불안을 없애려고 시도하는 방어적 태도를 신경증 욕구(Neurotic Needs)라 보고 '완전 욕구'를 제안했다. 호나이는 완전에 대한 욕구가 전형적으로 아동기 초기에 시작된다고 믿었다. 완전 욕구를 추구하는 신경증 환자의 부모는 독선적이며 권위적이었다. 이러한 부모는 과도한 기준을 설정해서 아이에게 요구하는데 비현실적인 기준을 자녀가 해내지 못하면 비난하거나 비웃는다. 무기력한 아이는 부모의 이런 기준에 맞추려고 죽도록 노력하며 일생을 보낸다. 이런 부모는 자신들의 생각이 옳다고 믿기 때문에 자신들의 생각에 문제가 있다는 반응을 보이면 아주 민감하게 반응한다. 그래서 자신은 물론 지식도 완벽해야 한다고 생각한다. 주로 이런 환경에서 자라게 되면 강박증적 성향을 보이는 경우가 많다. 마음 아프다. 제일 불쌍한 사람은 아이고 그다음은 여자다. 자식 일이 곧 자기 일이요 모든 가치 위의 우선이다. 사랑이라는 이름으로 그렇다.

남부럽지 않은 집안에서 상위 성적을 유지하던 고3 아이들이 자살하는 이유가 대부분 이러하다. 교육과학기술부의 학생 자살자 조사에 따르면 2005년 136명에서 4년 만에 202명으로 꾸준히 증가하고 있다. 청소년 40%가 한 번쯤 자살을 생각해본 적이 있고 9%가 일생에 한 번 이상의 자살 시도를 한 적이 있다고 한다. 자살을 생각한 이유로는 '성적, 진학 문제'가 53.4%로 절반 이상을 차지했다. 166개 한국 청소년상담원과 청소년상담지원센터 등에서 자살을 고민하는 중학생은 2008년 256명에서 2010년 627명으로 2.4배 늘었고, 고등학생은 2008년 214명에서 476명으로 2.2배 증가했다. 최근 자료가 없어서 아쉽지만 꾸준히 증가하고 있다는 보고는 계속되고 있다.

어린 시절 나약한 아이는 오직 양육자에게 의존한다. 때가 되면 친구들과의 유대관계를 형성하고 서서히 자신만의 고유한 가치관을 형성하며 성장해야 하지만 끊임없이 비교되는 현실에서는 자신의 나약함만 확인할 뿐이다. 죽도록 노력해도 산은 자꾸만 뒤로 물러나 있고 지치고 힘들지만 하소연할 곳 없이 무기력만 쌓여간다. 부모의 과도한 기대가 결국 자식을 죽음으로 내모는 것이다. 결핍된 여자는 자신의 욕구를 해소할 대상으로 자식을 정했고 그것이 자식을 위한 일이고 자식의 성공을 위한 일이라고 생각한다. 하지만 이는 이미 심각한 사회문제가 됐다. 아직도 많은 엄마는 자신의 과도한 사랑 행각으로 자식이 죽어간다는 사실을 인정하지 않는다.

엄마의 대리 만족은 가능한 한 빨리 중단해야 한다. 그래야 자식도 살고 여자도 산다. 자신이 아이에게 집착한다고 생각하면 가능한 한 빨리 그 행동을 중단하고 자신의 성장에 마음을 돌려야 한다. 아이 일은 아이가 더 잘 알고 있다. 자식을 믿고 기다려주면 그 믿음만큼 자식은 성장한다. 스스로 결정하고 실행할 줄 아는 능력을 갖춘 것이 아이다. 아이가 도움을 청하기 전까지는 그냥 믿고 지켜봐주는 것이 부모의 몫이다.

⚠ **Tip for Woman's Heart**

엄마 이전에 한 개인으로서
자신을 제대로 볼 수 있도록 도와주라.

"진급 언제 해?"

○ ○

남편의 직위에 목숨 거는 여자

Conversation ▲▼

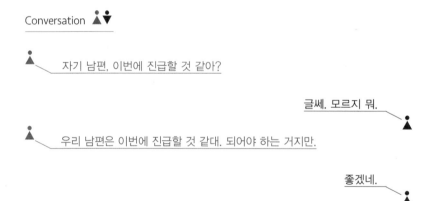

자기 남편, 이번에 진급할 것 같아?

글쎄. 모르지 뭐.

우리 남편은 이번에 진급할 것 같대. 되어야 하는 거지만.

좋겠네.

남편의 성공은 자신의 성공이다. 남편이 잘되면 자기 탓이고 남편이 못되면 결혼을 후회한다. 언제부턴가 그렇게 정해졌다. '자기 언제 진급해?' 단순히 돈 때문만은 아니다. 동창을 만나도 이웃을 만나도 동료를 만나도 시즌에 진급하지 못했다는 것이 창피하고 불편한 일이다. "아직도? 이번에도 안 됐어? 잘 안 됐구나" 등등. 관심을 주는 것은 고맙지만 신경 쓰지 않았으면 좋겠다. 모임에 참석하는 횟수도 줄고 웃음도 줄었다. 자식이 취직하지 못하고 있는 것이 자식을 잘못 기른 자기 탓인 것처럼 남편이 성공하지 못한 것도 아내 노릇을 잘못한 자기 탓이라는 시선이다.

시집 사람들도 처음에는 "괜찮아, 다음에 진급하면 되지" 하며 남편을 쳐다보던 시선이 언제부턴가 자신을 향해 있다. "내조도 여자의 역할이야. 밥만 해주는 게 다가 아니야! 다른 집 여자들은 어떻게 하나 좀 물어보고 노력을 해야지" 따가운 시선에 명절이 두렵다. '뭐지 이 상황은? 왜 그래야 하는 거지? 진급하고 월급이 올라가고 생활이 윤택해지면 내가 좋은 일이고, 그렇지 못해도 내가 겪을 어려움인데 왜 나한테 이러지?' 이해가 되지 않는다. 처음에는 남편 입장을 백번 이해하고 위로하며 "괜찮다, 힘내라" 다독여줬지만, 시간이 갈수록 짜증 난다.

남자가 부장이면 그 아내는 사장이다. 세상사 정말 웃기는 일이디. 비교하고 비교당하고 그렇게 자신의 현재를 확인하고 싶은 것이 사람 심리다. 내가 저 여자보다 잘 사는지 못 사는지, 내 남편이 저 여자 남편보다 잘났는지 못났는지 끊임없이 경쟁하고 비교한다. 잘나면 잘났다고 욕하고 못나면 못났다고 흉을 본다. 그러니 수단과 방법 가리지 않고 일 계급 승진으로 억울함을 보상받고 싶다. 보란 듯이 밥도 사고 술도 사고 자신이 지금 얼마나 대단한 일을 하고 사는지 동네방네 소문내고 싶은 거다. 생전 동창회도 안 나오던 여자가 어느 날 불쑥 나타나는 것도 자랑할 거리가 있을 때다.

여자가 아무리 잘나고 사회에서 인정받고 저명한 위치에 있다고 해도 돌싱이나 재혼녀라면 그 여자의 가치는 제대로 인정받지 못한다. "저렇게 잘나가면 뭐하니? 성질 더러워서 남편이 버린 여잔데. 쟤, 이혼했잖아. 그럴 줄 알았어. 일한다고 설쳐댈 때 알아봤어" 등등. 여자는 남자와 있을 때 비로소 그 지위를 인정받는다. 어쩔 수 없다. 세상이 바뀌어도 여전히 이런 시선에서 벗어나지 못한 것이 현실이다. 질투하는 다른 여자가 있는 한 그렇다. 참 힘들다. 이렇게 여자는 남편으로 살고 남편 덕에 살고 남편이 곧 자기다.

독일의 실존주의 철학자 하이데거는 그의 주 저서인 《존재와 시간(Being and Time)》에서 현상학적인 관점에서 인간에 대한 이해를 시도했다. 하이데거는 막연하나마 존재를 이해하고 있는 인간을 '현존재(Dasein)'라고 했다. 이러한 현존재가 세계 안에서 다른 많은 존재와 관계를 맺는 가운데 본래의 존재양식을 상실하고 비본래적인 존재 방식을 취하게 되는데, 이렇게 본래적 자기를 상실한 현존재를 '일상인(Das Man)'이라고 정의했다. 일상인으로서 현존재는 평균화되고 책임을 지지 않는 몰개성적인 인간으로 불안한 상태에 있다. 일상인으로서의 현존재가 불안에서 벗어나려면 본래적인 자기를 근원적으로 이해하고 본래적인 자기로서 존재하려고 노력해야 한다.

이처럼 본래적인 자기로 자기 자신을 내던지는 것을 '기투'라고 했다. 이러한 기투에 의해 본래적인 존재 방식을 찾는 것이 '실존'이다. 아무리 타인이 자신을 두고 마음대로 평가하고 잣대를 들이대도 그 사람이 자기의 삶을 대신 살아줄 수 없다. 하이데거의 말처럼 일상인으로 불안을 안고 타인들의 시선을 의식하며 살 것인지, 아니면 실존자로서 본래의 자기 가치를 추구하며 살 것인지는 선택의 문제다.

세상 사람들 모두가 이루고 싶은 소망이 있지만 이루는 사람보다 이루지 못하는 사람이 더 많다. 타인의 실패를 통해 자기만족을 찾으려고 하지 말고, 자신의 삶을 소중히 여기는 방향으로 생각을 전환해야 한다. 혹시라도 누가 "아직도 승진 못 했어?"라고 물으면 "승진하려고 열심히 회사에 다니고 있다"라고 말하면 된다. 더는 올라갈 곳이 없는 것처럼 비참한 일은 없다. 가야 할 길이 있고 올라야 할 자리가 있을 때 행복한 것이다. 그렇게 참된 인생은 소망을 이뤄가는 과정에 있다. 아직 이루지 못한 소망에 감사하면서 오늘도 파이팅!

🔺 **Tip for Woman's Heart**

남편을 통해서가 아닌
아내 스스로가 인정을 받을 수 있는 일을 찾도록 도와주시라.

"같이 가자"
○ ○
무리 지어 다니는 여자

Conversation

신영이 엄마. 뭐해?

집에 있어.

나랑 마트 갈래?

그러지 뭐. 은행도 가야 하니까.

　　여자의 무리 짓는 습성은 오래된 일이다. 원시시대부터 여자는 모든 것들을 다른 여자들과 공유했다. 음식을 만드는 방법이나 아이 기르는 방법, 살림살이의 이모저모를 먼저 경험한 여자들에게

묻고 거기서 자기 생각을 만들어갔다. 그것이 여자들의 인간관계 방식이다. 사회성이 발달한 여자일수록 관계 맺기를 잘한다. 관계 속에서 득도 있지만 실도 많고, 좋은 것도 있지만 아픈 것들도 무수하다. 그런데도 관계를 통해야만 얻어지는 것이 있으므로 관계 맺기는 중요하다. 혹시라도 관계 맺기가 안 되면 불안하고 찜찜하다. 아무리 SNS가 발달해서 혼자 노는 사람들이 많아졌지만 여전히 SNS라는 환경으로 옮아갔을 뿐 세상은 여전히 관계를 통해 유지된다. 혼자 사는 여자든 산속에서 홀로 사는 남자든 어떤 형태로든 관계는 필수다. 그저 그 범위가 축소되고 넓어질 뿐이다.

미스 때는 혼자 살기가 가능했다. 보고 싶은 사람만 보고, 가고 싶은 곳만 가고, 하고 싶은 일만 골라서 해도 됐다. 어느 정도는 그랬다. 결혼하고 나니 미치겠다. 혼자 있으니 모르는 게 너무 많다. 아이를 기르는 일이 특히 그렇다. 책을 통해 배우는 것도 한계가 있다. 세밀한 정보는 같은 상황에 놓인 엄마들과의 만남에서만 얻을 수 있다. 어린이집을 다녀도 유치원을 다녀도 이미 아이를 기른 선배 엄마나 임원 엄마를 중심으로 모인다. 아이가 학교에 가면 어머니회에도 참석하고 학부모회에도 참석해야 한다. 그렇게 해야 알토랑 같은 정보도 얻을 수 있어서 싫지만 좋은 마음으로 최선을 다한다. 아이가 회장이면 엄마도 자동으로 회장 역할이 주어진다. 교사와의 소통을 통해 학교정보를 얻어내어 아이가 조금이라도 혜택받을 수 있게 하고 싶기 때문이다.

비단 이런 것뿐만 아니다. 동네 반상회에도 빠지지 못한다. 빠지면 동네 정보를 얻지 못하는 것은 물론 여지없이 참석하지 않는 여자를 흉보는 분위기를 잘 알기 때문에 못 빠진다. 책잡히기 싫다. 여자는 잉태하는 순간부터 시작해서 아이를 낳으면 몸이 열 개여도 부족해진다. 현대는 정보 전쟁이지만 특히 여자들의 구전은 필수 정보망이다. 그런 문제로 유언비어도 생기고 과한 경쟁심도 유발한다. 여기에서도 힘 있는 여자들은 속칭 치맛바람을 일으키고 비리가 발생한다. 다른 아이를 짓밟아서라도 자기 아이를 올려놓겠다는 욕심으로 상하관계가 형성된다.

이런 문제가 아니더라도 워낙 무리 지어 다니기를 좋아하는 여자들이 있다. 무리 속에 있을 때 비로소 자신의 가치를 인정받는다고 생각하는 여자다. 혼자 있으면 누구도 자신을 알아주지 않는다. 같이 있을 때 과장된 수다로 분위기를 이끌고 자기 말에 공감하는 모습을 보면서 행복해한다. 가사는 시간 날 때마다 짬짬이 하면 되고 며칠 안 해도 사는 데 별 지장이 없다. 하지만 여자들을 만나지 않는다는 것은 있을 수 없는 일이다. 그래서 늘 뭉쳐 다닌다. 쇼핑도 미용실도 같이 가고 밥을 먹을 때도 심지어 세금을 낼 때도 최소한 둘이 같이 다닌다. 혼자 있으면 불안하다. 자기 신념을 갖고 삶의 가치를 정립하지 못하면 이 불안은 계속해서 또 다른 타깃을 향한다.

미국에서 가장 널리 알려진 실존주의적 상담가 메이는 현대 사회에서 인간이 직면하는 불안과 고독에 관심을 가졌다. 존재론적 입장에서 인간에 대한 이해를 추구했다. 메이는 데카르트의 '나는 생각한다. 그러므로 나는 존재한다'라는 말을 바꾸어 '나는 존재한다. 그러므로 나는 생각하고 느끼고 행동한다(I am, therefore I think, I feel, I do)'라고 표현했다. 메이는 인간이란 용어에서 존재는 진행형으로 어떤 것이 되어가는 과정을 함축하고 있으며, 명사로 이해한다면 잠재력의 원천을 의미한다고 했다. 그는 이런 점에서 '되어가는'이란 말이 더 정확한 의미를 전달하는 것으로 여겼다. 더불어 인간은 다른 생물과 달리 자기에 대해 자각하는 존재라고 강조했다. 즉 인간은 자기 자신이 되려면 자신에 대해 자각해야 하며 자신에 대해 책임져야 하는 특별한 존재라는 거다. 타인을 통해 자기 존재를 확인하는 것이 아닌 자신의 자각을 통해 진정한 자기를 발견해나가는 것이 중요하다는 말이다.

무엇이든 지나치면 불편을 초래하고 부당함을 만든다. 함께하지 않는 사람을 비난하게 되고 자신과 같지 않은 사람을 구분 지어 다른 시선으로 보게 된다. 혼자 다니면 30분이면 충분한 일도 하루의 반을 혹은 온종일의 시간을 허비하기도 한다. 관계 맺음을 조율해야 하는 이유다. 타인을 통해 얻어지는 정보는 객관성이 떨어지는 경우가 많다. 어차피 사람은 자기 삶의 형태대로 살아갈 수밖에 없다. 타인의 삶이 내 삶과 같을 수 없듯이 타인에게서 얻은 정보는 객관성이 없어서 자칫 잘못하면 무리의 생각 속에 매몰될 수 있다.

중요한 것은 자신의 삶에 대해 주체성을 갖고 자기 가치에 맞춰 삶의 방향을 정하고 행동하는 것이 현명한 일이다. 뭉쳐 다녀봐야 얻는 것보다 잃는 것이 더 많을 때도 있다. 괜히 타인을 욕한다든가 그다지 필요하지 않은 일에 관여하게 되기도 한다. 시간은 흘러가면 다시 오지 않는다. 지금 이 순간 자신에게 주어진 시간을 허비하지 말고 자기 가치를 높이는 것이 무엇인지 고민하고 그 일을 실천하는 것이 시간을 아껴 쓰는 일이다. 무엇보다 자기 내면의 윤택한 삶을 위해 투자하는 사람이 멋진 사람이다.

⚠ **Tip for Woman's Heart**

주변 환경에 휩쓸리지 않고
여자 스스로가 자신의 삶에
올바른 가치를 정할 수 있도록 도와주라.

"내 말 좀 들어봐"
○ ○
말이 많은 여자

Conversation ▲▼

▲
　자기야. 옆집 아줌마 좀 이상한 거 같아.
4일 전에 같이 마트 가자더니 지금까지 말이 없어. 좀 이상하지?

　　　　　　　　　　　　　　　　　　　　　　　왜? ▼

▲
　아니. 가자고 했으니 난 기다리잖아.
그럼 몇 시에 가자든가 아니면 못 가게 됐다고 말해야 하잖아?
4일이 지나도록 아무 말이 없는 건 예의가 아니지.
그럼 가자고 하지나 말든지. 이상한 여자야. 그렇지 않아?

　　최근 연구 자료에 의하면 태아는 자궁 속에서도 엄마의 목소리
를 알아듣는다고 한다. 엄마의 몸속에서 일어나는 공명을 통해서

가능하다는 거다. 태어난 지 나흘밖에 안 된 아기가 외국어와 모국어의 언어 패턴을 구별할 수 있고 4개월이 되면 모음을 만들어내는 입술 모양을 알아본다. 돌이 되기 전에 단어와 그 의미를 연결하고 18개월이 되면 단어를 말하기 시작하고 두 살이 되면 여자아이의 경우 2,000개의 단어를 말할 수 있다고 한다.

또한, 엘리자베스 핸슨은 여자의 업무 수행능력과 에스트로겐 호르몬 사이의 관계를 연구했는데, 높은 에스트로겐 수준인 생리주기에 있는 여자는 거의 완벽하게 언어를 구사하는 것을 알아냈다.

이처럼 말을 잘하는 것은 여자의 타고난 특성이다. 여자는 지금의 상황이 어색해도 말하고, 친밀해도 말하고, 친해지고 싶어도 말하고, 화가 나도, 좋아도 말한다. 여자의 모든 관계의 수단은 말에서 시작해서 말로 끝난다. 그런 여자가 평소보다 말이 더 많을 때는 이해받고 싶은 뭔가가 있을 때다. 그것이 변명이든 공치사든 자랑이든 암튼 그렇다. 말을 할 때는 대상자가 들으라고 하는 것이고, 이왕이면 자기 말에 공감을 얻어내고 싶어서 원하는 반응이 나올 때까지 하는 거다.

특히 애인이나 남편이 해주는 공감에 더 많은 가치를 둔다. 그 누구도 아닌 자기 애인이나 배우자의 칭찬은 존재 이유가 된다. "자기야, 지난번 그 여자 있잖아. 여보, 우리 옆집 아줌마가…" 같은 종류의 말들에 대해 남자들은 사실 별로 관심이 없다. 그런데도 여자는 지치지 않고 다른 여자보다 자신이 더 나은 여자라는 사실을 우회적으로 알리고 싶어 한다. 돌려 말하기에 능숙한 여자와는 달리 자신이 목표로 하는 것 외에는 다른 것들에 관심이 없는 남자는 이 순간이 귀찮다. 이런 괴이한 말장난 같은 놀음에 지친다. "그래서 본론이 뭔데?" 짜증스러운 말투를 뱉는 순간 화제는 이야기하던 그 논점이 아닌 화를 낸 남편에게 향하고 질타가 쏟아지기 시작한다. "당신은 매번 그런 식이야. 왜 못 들어줘? 내가 하는 말은 왜 제대로 안 듣는 거야? 당신은 나한테 관심이나 있어?" 등등.

봇물 터지듯 쏟아지는 질타에 남자는 '아차!' 하지만 이미 때는 늦었다. 배운 대로 "미안해. 내가 잘못했어"라며 큰마음 먹고 사과를 하면, "뭘 잘못했는데? 잘못한 게 뭔지는 알아? 뭐가 미안한데?" 하며 또 말꼬리를 잡고 늘어진다. 이쯤 되면 남자는 자리에서 일어나 도망간다. 궁지에 몰린 남편이 살길은 도망가는 길뿐이라고 판단한 거다.

일이 이 지경에 다다르면 여자는 처음 목적한 이야기의 주제에서 한참 벗어났다는 것을 알고 이게 뭔가 싶어지고 남자는 여자가 뭔 말을 하려고 다가오면, 또 무슨 책을 잡히지 않을까 눈치를 보며 슬금슬금 피한다. 많은 가정에서 정말 자주 벌어지는 상황이다. 그래도 주워들은 것이 있는 남자들은 건성으로라도 답한다.

하지만 남자가 건성으로 듣는지, 진심으로 생각하고 답하는지 여자는 너무나 잘 안다. 이 정도의 반응은 성에 안 찬다. "당신 듣기는 하는 거야? 늘 건성으로 대답해. 귀찮아? 나한테 신경 좀 써줘"라는 핀잔을 듣기 딱 좋은 태도다. 차라리 이럴 때는 나중에 마음에 여유가 생기면 다시 듣기로 하고 자리를 피하는 게 더 낫다. 오늘 여자는 "그 여자, 왜 그래? 잘했어! 자기가 최고야" 같은 말을 반드시 들어야겠다고 작정했기 때문에 물러설 수 없는 거다. "당신은 내 말 듣고 있어? 그게 아니잖아. 뭐가 그래야? 자기는 내가 말할 때 늘 딴생각하더라. 잘 좀 들어봐! 그 여자가 정말 웃기는 여자라니까!" 등의 말로 회유하기 시작하면 정신 바짝 차려야 한다. 더운밥 얻어먹고 살려면 어쩔 수 없다.

그런데 이런 신경전도 갱년기(45~55세)를 기점으로 바뀐다. 남자가 여자가 되고 여자가 남자가 되는 역지사지의 시점이 오는 거다. 테스토스테론(남성호르몬)과 에스트로겐(여성호르몬)은 많은 부분 사람을 변화시킨다. 성격도 취미도 관심도 변하고 과거 터부시했던 것들에 심취한다. 남성의 여성화와 여성의 남성화가 진행되면서 서로의 입장이 바뀐다. 남자가 자꾸만 말을 걸어오면 여자는 귀찮아서 바깥으로 도망간다. 물론 일부의 사람들은 소원했던 관계가 회복되어 둘이 손잡고 소풍을 잘 다니기도 하지만 말이다.

그때 비로소 남자는 과거 삶을 뉘우쳐보지만 여자는 상처를 받았고 회복의 기회는 이미 늦었다. "당신도 옛날에는 내가 말 걸면 귀찮다고 방으로 들어갔잖아. 이제는 내가 싫어!" 여자는 절대로 그냥 넘어가지 않는다. "내가 언제 그랬어? 그때는 먹고사느라 바빠서 그랬지. 당신 그것도 이해 못 해줘?" 사정해도 소용없다. 이미 여자의 관심이 바뀌었기 때문이다. 과거에는 남자가 여자의 전부였다면 이제는 남자 빼고 나머지가 전부다.

⚠ **Tip for Woman's Heart**

말하고 있을 때 잘 들어주라.
말을 한다는 것은 아직 관심이 있다는 증거다.
경청과 공감이 최선의 치료법이다.

"어머, 분위기 좋다"

○ ○

분위기에 잘 넘어가는 여자

Conversation

어머, 여기 분위기 너무 좋네요. 음악도 좋고요.

신경 좀 썼습니다. 흐흐.

네. (이 사람 멋지다. 이런 곳을 알고 있다니….)

분위기에 약한 여자가 매력 있다. 아무리 분위기를 내려고 노력
해도 두 눈 말똥말똥 뜨고 이성을 번뜩이는 여자보다는 훨씬 낫다.
가끔은 그렇게 넋도 좀 놓고 삶의 여유를 즐기는 것도 좋은 일이다.
"어머, 너무 예뻐요! 음악 좋은데요. 와인 한 잔 주세요" 할 수 있는
여자가 좋다. 남자들이 유일하게 분위기에 대해 심혈을 기울일 때

는 짝을 찾을 때다. 모든 수컷이 그렇듯 오직 원하는 것을 얻기 위한 전략이다. 사실 남자들에게 분위기는 별 의미가 없다. 남자들은 지금 누구와 있는지가 중요하기 때문이다.

유독 여자들이 분위기 있는 공간에 마음이 흔들리는 이유는 뭘까? 연구에 의하면 호르몬! 또 호르몬이다. 인간은 호르몬의 지배를 받는 유기체인 것 같다. 에스트로겐은 여성호르몬의 대표다. 에스트로겐은 여자에게 만족과 평안한 느낌을 주는 호르몬이다. 별마음 없이 나온 자리여도 멋진 분위기에 마음이 흔들리는 이유다. 이 에스트로겐 호르몬은 여자에게 특히 불빛에 민감하게 만든다. 흐린 불빛은 앞에 앉은 남자를 매력적으로 보이게 한다. 특히 청각에 민감한 여자는 부드러운 음악 소리에 두꺼운 상의를 벗는다. 거기에 더해 여자의 원초적인 감각을 자극하는 음식까지. 관심 있는 남자가 직접 만들어준 음식이라면 여자의 혼은 다 빠져버린다. 여자들이 잘생긴 남자 요리사들의 손놀림에 열광하는 이유도 이런 원초적 욕구를 자극하기 때문이다. 거기에 더해 달콤한 초콜릿과 샴페인은 마취제다. 이 모든 분위기는 남자가 "나 오늘 자기랑 있고 싶어!"라고 말하는 것 같은 착각에 빠지게 한다. '사랑이 뭐 별건가! 이 정도의 분위기를 아는 남자라면 말 안 해도 내게 필요한 것쯤은 알아서 다 해줄 거야!'라는 생각이 드는 순간 그 남자를 위한 된장찌개는 끓고 있다. 드라마에서 많이 연출되는 장면이다. 암튼, 너무 인간미 없는 생각이긴 하지만 정신은 화학적 반응의 배합이다.

프랜시스 크릭과 제임스 왓슨이 지적했듯이 우리의 즐거움, 슬픔, 기억, 야망, 정체성, 자유의지, 사랑 등이 거대한 신경세포 집합체의 행동에 불과하다는 거다. 그의 주장에 따르면 PEA(페닐에틸아민)는 사랑이라는 황홀한 신체적 느낌을 주는 주된 화학 성분인데 이것은 암페타민과 관련되어 있고 초콜릿에서도 발견된다. 이것은 가슴을 두근거리게 하고 속을 울렁거리게 만드는 성분이다. 아드레날린도 가슴을 뛰게 하고 정신을 맑게 하고 황홀한 기분을 느끼게 해주고 엔도르핀도 면역체계를 구축해주고 감기를 낫게 해준다.

이런 현상들은 사랑에 빠지게 되면 동시에 일어나는 화학 반응들로 소위 미쳐버리게 하는 거다. 이 순간이야말로 보고 있어도 보고 싶다는 말의 의미를 알게 해준다. 24시간을 같이 있고도 헤어짐이 아쉬워 돌아와 밤새 통화를 하고 그것도 부족해서 그 목소리를 붙잡고 꿈에서도 만나고 싶어지는 거다. 그 사람 없는 세상을 어떻게 살았는지, 왜 이제야 만났는지, 헤어진다는 것은 있을 수도 없는 일이고, 상상만 해도 엄청나게 불안하다. 이때 분출됐던 호감과 행복감을 느끼게 하는 도파민과 페닐에틸아민은 이성으로 조절하기 힘든 열정이 솟아나고 행복감에 빠지게 된다.

이별로 가슴 아픈 사람이나 혼자여서 외로운 사람들에게 속 터지는 장면을 연출하게 만드는 옥시토신은 그들에게 아주 고약한 호르몬이다. 이 호르몬은 연인들에게 온종일 껴안고 싶은 충동을 생기게 한다. 연인들이 많이 다니는 거리를 가보면 어깨가 부서져라

감싸안고는 몸을 딱 붙이고도 신기하게 잘 걸어 다니는 커플들이나 영화관이나 커피숍에서 코를 맞대고 앉아 연신 서로의 머리와 볼을 만지고, 코를 문지르는 등 그루밍(Grooming) 행동을 하는 연인들을 어렵지 않게 볼 수 있다.

그들은 지금 이 시기에 있어서 다른 사람들의 불편한 시선을 의식하지 못한다. 의식한다고 해도 그들의 행동을 멈출 수 없어서 속 터지는 사람은 스스로가 안 보는 것이 상책이다. 커플들의 이런 행동은 엔도르핀 호르몬에 자극을 줘 안정을 되찾고 서로를 소중하게 여기는 효과를 경험하는 거다. 엔도르핀은 일종의 마약과 같은 물질로 통증을 없애주고 즐거움과 기쁨을 느끼게 해주는 호르몬이다. 이 시기가 '해도 별도 다 따주겠다. 평생 손에 물 한 방울 안 묻히게 해주겠다. 일주일에 한 번은 꼭 외식을 시켜주겠다' 등등의 내용으로 뻥치고 공갈치는 시기다. 그것이 진심이며 사실이고 충분히 실행할 수 있다고 생각해서 한 말이다. 나중에 돌아봐도 사실이고 진심이었다. 그때는.

지금 자신이 이런 공약들로 방구석에 쪼그리고 앉아 머리를 쥐어뜯으며 후회하게 될 것이라고는 꿈에도 생각하지 못한다. 선배가 공약하지 말라고 아무리 조언을 해도 "형이니까 그렇지. 나는 달라!" 해가며 큰소리친다. 그리고 결혼하고 얼마 동안은 실제로 열심히 공약을 지키려고 고군분투한다. 솟아나는 호르몬 덕이 아니라 의무감으로 이를 악물고 실행하지만 얼마 가지 못한다. 이때부터 전세는 역전되어 남자는 기가 죽고 여자는 잔소리가 늘어가게 되는 시점이 된다. 하지만 그들은 모른다. 그렇게 사기 치고 공갈 치고 속고 속아 넘어가는 3~12개월의 열중의 단계.

연애가 서투른 청소년기에 많은 사람이 첫사랑을 경험한다. 대부분 이 시기를 경험하게 되지만 경험 부족으로 자신이 의도한 대로 잘 대처하지 못해서 이별하게 된다. 그러다 보니 세월이 지나 산전수전 다 겪은 지금 그때 바보 같았던 자신 때문에 놓쳐버린 그 여인한테 미안하고 아쉬운 마음이 크다. 더구나 이 시기를 함께 보낸 그 여자는 기억의 왜곡으로 세상에서 제일 예쁜 여인으로 기억된다. 다시 만날 수 있다면 한 번만이라도 잘해주고 싶은 아쉬운 여인, 미안한 여인으로 있는 것이 남자의 첫사랑에 대한 생각이다. 여자 또한 이 시기에 경험된 그 남자의 손길을 잊지 못한다. 지금 생각해보면 참 수줍어했었고 조금은 호기스러웠던 그 남자의 순수한 사랑이 소중했다는 것을 알게 된다. 지금도 자신을 가슴 뛰게 했던 그 사랑을 떠올리면서 행복해하는 것이 여자의 첫사랑에 대한 기억이다.

이렇게 남자와 여자의 첫사랑 기억은 조금 다른 의미로 남는다. '아, 보고 싶다. 첫사랑!' 야속하게도 그렇게 열정의 시기를 지나 1~2년 뒤가 되면 맹목적인 호르몬의 배합은 서로를 이성적인 눈으로 쳐다보게 한다. 그전에는 그토록 매력적이던 사소한 습관들이 성가시기 시작한다. 자신이 왜 그동안 이 사람에게 미쳐 있었는지 자신의 눈과 귀와 입을 의심하기 시작한다. 이 시기에 많은 연인이 이별을 경험한다. 매력이 없어진 것이다. 사실 그 사람은 변함이 없고 다만 자신에게 마구 솟구쳤던 호르몬이 사라진 거다. 하지만 누구도 자신을 탓하려 하지 않는다. 그 사람 탓이라고 생각한다. 대부분 더는 사랑이 없는 연애는 불필요하다고 생각하고 정리한다.

그런데도 그 열정의 시기를 놓치지 않고 결혼으로 입성한 부부는 고민하기 시작하는 시기다. 아무리 생각해봐도 공약은 절대로 지켜지지 못할 것이 확실하고, 자신이 그렇게 눈과 귀를 막을 만한 위인이 못 되어 보이면서 갈등이 시작된다. '이럴 줄 알았으면 진작 헤어질걸!' 하면서 후회하는 커플도 있다. 여태 그렇게 많은 사람이 조심하라고 일러준 그 사람에 대한 평가들이 의미 있게 다가오기 시작한다. 오해는 마시라. 물론 다시 봐도 멋진 사람도 있다. 처음이나 지금이나 여전히 변함없는 사람도 있다. 가끔은. 다만 그 전에 그렇게 죽기 살기로 목매던 그 감정이 이성으로 돌아서서 그를 객관적으로 평가하게 된다는 거다.

미국의 코넬대학 인간행동연구소 신디아 하잔 교수도 이 같은 사실을 뒷받침해주는 연구 결과를 내놓았다. 남녀 산에 가슴 뛰는 사랑은 18~30개월이면 사라진다는 것이다. 연구에 의하면 남녀가 만난 지 2년 전후가 되면 대뇌에 항체가 생겨서 열정 기간에 느끼는 황홀감과 행복감이 많은 부분 사라진다고 한다.

사람들이 첫사랑을 떠올리는 때는 다른 이성과의 열정 시기가 아니다. 그 시기에는 그 사랑에 미쳐 있어서 다른 사랑을 생각할 겨를이 없다. 첫사랑을 기억해내는 시기는 열정의 시기가 아니라 외로움을 심하게 느끼고 있을 때다. 여자는 첫사랑을 기억하면서 지금의 남자와 비교를 한다. 첫사랑이 기억나면 날수록 지금 자신에게 제대로 못 하는 남편이 밉고 그 남자를 선택하지 못한 것이 자꾸만 후회된다. 할 수 있다면 그 남자를 찾아가고 싶어진다. 이런 아쉬움이 큰 이유는 그 이성과는 열정의 시기만 함께했기 때문에 좋고 행복했던 기억만 남아 있기 때문이다. 하지만 과거의 그 남자도 지금의 남자처럼 열정의 기간을 넘게 되면 똑같이 후회되고 불편해진다는 사실이다. 사람들이 누구를 만나도 똑같다고 말하는 이유다. 그렇게 못다 이룬 사랑은 늘 아쉽고 그립고 애틋한 것이다. 그런 사랑이 그런 기억이 있다는 것으로 위안 삼는 것이 현명하다. 생각해보면 지금의 남자도 그런 감정으로 만났기 때문이다. 그런데 살다 보니 그렇게 좋은 기억은 다 예전 기억으로 희미해져버렸고 현실만 자극되기 때문에 후회하게 되는 거다.

젊은 청춘들에게 해주고 싶은 말은 평생의 배우자를 선택할 때 열정의 시기에 결정하지 말라는 거다. 열정의 시기를 지나 애정과 신뢰의 단계를 경험하면서 결정해야 한다. 그 시기에 그 이성이 자신에게 지속해서 애정을 보이는지, 자신을 믿고 기다려주고 반응하는지 알 수 있는 시기는 사귄 지 2년은 되어봐야 그 진정성을 조금 알 수 있다. 그런데 대부분 이 열정의 시기에 장래를 결정해버리기 일쑤다. 속칭 한눈에 반한 사람은 천생연분이라고 생각하는 거다. 그런 감정만이 사랑이라고 믿고 있기 때문이다. 속지 마시라. 천생연분의 감정은 살면서 아주 여러 번 경험하게 된다. 노력한다면 그렇다.

사랑은 그렇게 황홀한 감정만 있지 않다. 진정한 사랑은 마치 가족처럼 늘 함께 있던 사람처럼 편안함으로 고마움으로 때로는 든든한 지원군으로 있는 거다. 분위기에 취해서 감정에 빠져서 장래를 결정짓는 것은 어리석은 선택이다. 아무리 행복한 감정을 서로 나누었다고 해도 그것은 단지 호르몬의 역할이었을 뿐이다. 그것이 사랑의 전부가 아니라는 사실을 꼭 기억하고 그 단계를 넘어 겪어 봐라. 아닌 사람은 아닌 것이다. 후회하지 않으려면 망설이지 말고 헤어져야 한다. 지혜로운 사람은 즐길 때와 그렇지 않을 때를 잘 구분한다. 그래서 노처녀, 노총각이 많아지기도 하지만, 지혜롭기를.

⚠ **Tip for Woman's Heart**

평생의 반려자는 이성이 또렷할 때 선택하라.

여자 마음 **설명서**

"말 시키지 마!"

○ ○

잘 우는 여자

Conversation

왜 그래? 무슨 일 있었어?

흑흑흑.

말을 해야 알지. 무슨 일인데?

….

백 마디 말보다 한 번 흘리는 눈물로 해결되는 일도 있다. 말 잘하는 여자가 말을 하지 않고 눈물을 흘릴 때는 목적이 있어서 그러는 거다. 억지 주장을 해서라도 갖고 싶은 것이 있거나 나약한 모습을 보여서라도 이루고 싶은 소망이 있기 때문이다. 어깨를 흔들

고 엉덩이를 뒤틀면서 응응거리며 흘리는 눈물이다. 눈물은 흘리
는데 입꼬리는 올라가고 코는 벌렁거리면서도 음흉한 미소를 흘리
는 눈물이다. 남자도 그 눈물의 의미를 안다. 물론 여자도 남자가
안다는 것을 안다. 그렇게 해서라도 얻고 싶은 것은 얻고야 말겠다
는 생각이다. 하지만 눈치 없이 응응거렸다가는 영 못 보는 수도 있
다. 요구의 수위도 눈치 봐가며 정해야 한다. 이런 정도의 눈물은
그나마 애정이 남아 있을 때 먹히는 수법이다.

또 다른 눈물은 정말이지 가슴 아픈 눈물이다. 삶의 한계에 부
딪혀서 흘리는 눈물로 이러지도 저러지도 못하는 막막함과 절박함
과 고통스러움에 흘리는 피 같은 눈물이다. 그저 그렇게 애간장이
녹고 창자가 끊어지는 것 같은 통증을 동반하는 이 눈물은 한동안
흘리고 나면 머리가 아프고 현기증에 구토가 난다. 삶과 죽음의 경
계도 없어진다. 그렇게 넋이 빠진 채 멍하니 앉아 있다 보면 사사
로운 것들이 새로운 의미로 다가온다. 삶은 사는 것이 아니라 살아
지는 것이고 살아내는 것이라는 것을 알게 된다. 집착도 욕심도 희
망도 사랑도 한낮 신기루 속에 피었다가 사라지는 무의미한 꿈이
라는 것을 알게 된다.

남자를 당혹스럽게 하는 눈물도 있다. 도대체 이유를 모르는 눈
물이다. 속이 터진다. 아무리 물어도 대답은 없고 그저 운다. 심리
적으로 해결되지 못한 트라우마로 매 순간 한계에 부딪혀 흘리는
자책의 눈물이다. 그렇게 눈물밖에 흘릴 수 없는 자신이 너무 싫다.

노력해도 되지 않는 것이 있다는 것은 매번 자괴감이 들게 한다. 운다고 해결되지 않는다는 것도 안다. 비탄의 눈물이다.

또 마음이 약해서 흘리는 눈물이 있다. 그가 누구든 아프고 힘든 이야기를 하면 자기가 먼저 눈물을 글썽인다. "힘내세요. 괜찮아질 거예요" 하며 손을 맞잡고 위로하며 운다. 너무 오버하는 바람에 먼저 울던 사람이 되레 당혹스럽고 미안한 경우다. 어렵고 힘든 경험 없이 그냥 상대가 아파하면 자기도 아프다고 느끼는 것이다. 대단한 공감 능력이다. 세상을 어찌 살아낼지 걱정되는 경우다. 이런 사람은 타인으로부터 미움은 받지 않지만 신뢰를 얻기는 힘들다.

남자들은 자주 우는 여자를 좋아하지 않는다. 아니 감당하기 어렵다. 우는 여자를 달래는 방법을 배우지 못해서 그렇다. 남자는 일생에 세 번 운다는 말이 있을 만큼 남자가 보이는 눈물은 절박함의 눈물이고 비통함의 눈물이다. 그런 남자 입장에서 여자의 눈물은 그렇게 자신의 경우만큼이나 심각하게 다가오고 그런 절박함으로 느껴지는 거다. 자신이 그러하듯 무슨 말을 할 수 있겠는가! 삶과 죽음의 경계에서 할 수 있는 말은 없다고 생각되는 것이다. 자신도 그렇게 자신을 곧추 세웠듯이 그냥 두는 수밖에 다른 방법이 없다. 그래서 여자가 눈물을 흘리면 남자는 당혹스럽고 매우 다급해진다. 남자에게 여자의 눈물이 무기가 되는 이유다. 남자 입장에서는 자주 우는 여자의 눈물이 무가치하게 보이게 된다. 그런데도 오죽하면 울겠는가! 말로 할 수 없는 감정은 울어서라도 해소해야 산다.

사실 울 수 있다면 좀 낫다. 울음도 안 나올 때가 있다. 살다 보면 너무 기가 막히거나 너무 막막해서 눈물조차 흐르지 않는 경우도 있다. 그렇게 인생은 매우 힘들고 자주 막막하고 혼란스럽기도 하다. 그 이유는 인생을 처음 살기 때문이다. 한 번만 주어지는 기회이고 경험이어서 그렇다. 죽고 다시 기회를 준다면 어쩌면 좀 덜 힘들어하고 좀 덜 막막해하고 좀 덜 혼란스러울지도 모르겠다. 오직 기회가 한 번뿐이라는 것은 많은 불안을 안겨준다. 그렇게 사람은 대부분 살아가고 버텨내며 살아내고 있다.

여자가 다른 사람이 보는 앞에서 울 때는 도움을 얻고 싶거나 위로받고 싶을 때다. 여자가 남자 앞에서 울면 이유를 묻지 말고 안아주는 것도 좋다. 한동안 안아주고 난 후, 진정이 되면 "왜 우는지 물어봐도 돼?"라고 물어보면 남자가 원인 제공자가 아니면 이야기해줄 것이다. 또 안아주려고 다가가는데 피하면 원인 제공자가 남자인 것이다. 그럴 때는 "내가 자기 마음을 이해하지 못하는 것 같아. 미안해"라고 한마디 해주면 여자도 남자의 진심을 알고 감정이 내려갈 것이다.

사랑은 그렇게 서로 맞춰가려고 노력하는 과정이다. 사랑은 하늘에서 뚝 떨어져 마음에 들어오는 것이 아니다. 처음 남자와 여자가 만나 사랑을 키웠던 때를 기억해보면 확실히 알 수 있다. 피차가 상대에게서 얻는 것이 있어서 관심이 갔고 관계를 유지하는 과정에서도 무엇인가를 이뤘기 때문에 지금까지 온 것이다. 100% 조건 없는 사랑은 인간 세상에 없다. 부모도 자식에게 무한한 사랑을 주지만, 사실 냉정히 따져보면 자식을 통해 행복을 누리고 자식으로 얻는 안정감이 있어서 지속적인 사랑을 주는 거다. 자식이 원수보다 더 못하다면 부모여도 그 자식을 끝까지 사랑할 수 없을 거다. 오죽하면 무자식 상팔자라는 말이 있겠는가!

그런 의미로 생각해볼 때 사랑은 노력으로 유지되고 지속된다. 또한 그렇게 노력하는 과정이 추상적 의미의 사랑을 현실화시키는 유일한 길이다. 우는 것도 사랑을 얻고자 하는 구호의 신호다. 사랑한다면 내 여인의 마음을 읽어주고 그 마음을 다독여줘야 한다. 하지만 아무리 진정한 사랑으로 여자에게 다가가는 남자라고 해도 여자들이 원하는 만큼의 사랑을 주기는 힘들 것이다. 여자가 그렇듯 남자도 원래 그렇기 때문이다. 그 마음의 진정성을 느끼는 것으로 만족해야 한다. 그것이 최선이다.

⚠ **Tip for Woman's Heart**

실컷 울도록 두라.
잠시 떠나 있다가 감정이 내려가면 조용히 안아주라.

여자 마음 **설명서**

"가슴이 이 정도는 되어야지"
○ ○
가슴에 집착하는 여자

Conversation

수술해야겠어.

왜?

가슴이 좀 작아. 라인이 살리려면 좀 더 커야 돼.

너보다 훨씬 더 작은 사람도 있어.

그 사람은 그 사람이고. 아마 그 사람도 수술할 거야.

서유럽에서 나타난 르네상스나 앙시앵레짐 시대인 14~16세기 무렵에는 성적 쾌락을 죄악시하기보다는 일반적 인식으로 받아들였다. 이 시기의 관념은 '관능은 자연적인 것만을 좇는다'라는 논리

였고, 그 자연적인 것이 시대의 유일한 이성이었다. 남자의 경우 힘과 에너지가 뛰어나면 완전한 것, 아름다운 것이었고 여자는 육체적으로 모성의 이미지에 가장 잘 어울리면 아름답게 여겨졌다. 이런 관념은 철학, 과학, 법률체계, 문학, 미술, 생활규칙 특히 육체관 속에 그대로 나타났다.

18세기 후기 신윤복의 그림 〈열락〉이나 김홍도의 〈돌진〉, 〈운우도첩〉에도 여자의 가슴은 크고 풍성하다. 이 그림 속에 나타난 여자의 가슴은 모성을 넘어 여성성의 상징이 됐다. 글을 알고 사물에 의미를 부여하던 사람들이 대부분 남자였으므로 이러한 인식들은 순전히 남자들이 만든 가치와 의미였을 것이라고 미뤄 짐작한다. 남자들이 이렇게 큰 가슴을 좋아하는 의식의 바탕에는 모성에 대한 그리움이 내재되어 있다. 엄마의 젖을 빨며 오감이 만족했던 유아적 그리움이 성적 쾌락으로 대체되어 나타난 것이다. 남자가 성행위의 전위과정에서 여자의 젖가슴을 빠는 행위도 이런 심리를 반영한 퇴행의 한 형태로 볼 수 있다.

오스트리아의 신경과 의사, 정신분석의 창시자인 프로이트는 구강기(출생 후 1세까지)의 아기들이 빨고 먹고 깨무는 행위를 통해 긴장 감소와 쾌락을 경험한다고 주장했고 그러한 이론을 인정한다면 그렇다. 이 기간을 경험하면서 아기는 엄마의 육아 방식에 따라 두 가지의 행동방식이 나타나는데 하나는 구강 수용적 행동(Oral Receptive Behavior)이고 또 하나는 구강 공격적 행동(Oral Aggressive Behavior)이다. 엄마가 아기에게 수유를 충분히 공급하면 욕구가 지나치게 만족되어 지나치게 낙관적이거나 의존적인 성격이 된다. 반대로 충분한 수유를 공급하지 못하면 구강 욕구가 부족해 지나친 비관론, 적의성, 공격성을 보이는 경향이 있다고 본다.

수유는 단순히 배를 불리는 정도의 의미를 넘어 심리적 발달 형성에 영향을 주어 그 사람의 사람됨을 결정짓는 요인으로 작용한다. 이렇게 형성된 심리적 성향은 내재되어 있다가 여자의 가슴을 보면 되살아난다. 언제나 자신의 욕구를 넉넉히 채워줬던 엄마 혹은 욕구를 무시하고 자신을 방치했던 엄마를 통해 경험했던 감정이 여자의 젖가슴을 보면서 그대로 올라오는 거다. 하지만 이것은 무의식의 작용이라서 자신은 인지하지 못한다. 다만 여자의 가슴을 보면 푸근하다거나 만지고 싶다는 생각으로, 혹은 봉긋하고 통통한 가슴을 보면서도 별 관심이 없고 그다지 좋은 모습으로 느끼지 않을 수 있다.

다시 말해, 구강 수용적 행동을 보이는 남자는 가슴 예찬론자가 되거나 가슴에 집착하는 성향을 보일 수도 있다. 반대로 구강 공격적 성향을 보이는 남사는 여자의 가슴에 대해 비난하거나 거부하는 성향을 보일 수 있다. 이러한 내면의 것들은 개인의 성격을 형성하는 밑거름이 되어 많은 부분에서 영향을 미친다. 그래서 다양한 상황들에서 다소 수용적이거나 다소 배타적인 모습을 보이게 된다. 이렇듯 남자는 여자를 통해 엄마를 느낀다. 커다랗고 봉긋한 가슴은 자신의 오감을 넉넉히 채워줄 것 같은 엄마의 젖가슴에 대한 소망이다. 특히 주류 광고에서 여자의 풍만한 젖가슴이 자주 활용되는데, 그 이유는 알코올이 개인의 이성을 마비시키고 본능을 끌어올리는 역할을 하기 때문이다. 그러한 가슴을 보는 남자는 엄마의 젖가슴에 대한 욕구가 자극되어 이루지 못한 소망을 채우기 위한 매개로 술을 계속 마시게 되는 효과를 볼 수 있다.

비단 이런 의미로서가 아니더라도 동그랗고 탄력 있는 엉덩이와 봉긋하게 도드라진 예쁜 가슴은 아름다운 몸매의 중요한 구성요소다. 특히 가슴은 미의 완성이다. 문제는 아름다움이 각선미에 있는 한 작은 가슴은 예쁘지 않게 생각된다는 거다. 이런 생각은 작은 가슴을 가진 여자를 심리적으로 위축시킨다. 사회가 여자를 어떤 적합성에 앞서 외모를 보고 선택하는 한 심리적 위축은 막을 방법이 없다. 유방확대술은 이런 여자들의 자존심에 도전장을 내민다. 아무리 스펙을 쌓고 인성을 쌓아도 결국 예쁜 여자가 선택의 결정적 요소가 된다면 선택은 하나다. 이들이 그렇게 된 것에는 사회도 한몫했으니 강남 여자를 비난할 일이 아니다.

하지만 인식이라는 것 또한 사람이 만들어가는 것이니 절대로 변할 수 없는 것은 아니다. 심지어 사랑과 유방은 특별한 상관관계가 없지만 남자친구와의 이별이 자신의 작은 가슴 때문일 거라고 생각을 하는 여자도 있는 거다. 이렇게 여자들이 예쁘고 멋진 가슴을 갖고 싶어 하는 것은 멋진 남자를 얻고 싶은 욕구만큼 절실하다.

그래서 자신의 유방이 도톰하고 예쁘다고 생각하는 여자는 자신감을 넘어 자만심을 갖게 되고, 그렇지 못한 여자는 아무것도 가진 것이 없는 것처럼 자괴감에 빠지게 되는 거다.

아름다움이라는 것은 지극히 개인적이고 주관적이다. 아름다움의 기준이 시대마다 나라마다 의미에 따라 다르게 부여되기 때문이다. 평생을 자식 위해 살다가 늙어서 축 처진 엄마의 가슴은 객관적 의미의 미는 없다. 하지만, 그 가슴은 희생과 감사의 상징이 되어 세상에서 가장 아름답다고 느낄 수 있다. 커다랗고 축 처진 가슴을 드러낸 채 어린아이를 품에 안고 있는 아프리카 원주민의 가슴을 보면서 아름답지 않다고 생각할 사람은 없다. 다시 말해 현대 사회가 요구하는 아름다움의 기준은 시대가 변하면 또 다른 가치로 평가될 수 있다.

사실 인간의 눈이 밖으로 향해 있는 한 보이는 것에 가치를 두지 않을 수 없지만, 지금 보이는 것은 과학적 차원에서 이미 지나간 과거의 형상인 것이다. 보이는 것에 가치를 둔다는 것은 과거에 집착하는 것이고 허상을 좇는 허망한 것이다. 인간은 반드시 늙고 지금의 미의 기준을 유지할 수 없는 한계를 가졌기 때문이다. 한 시기 젊은 시절 누리고 싶은 만족이 아니라면 보여지는 것에 집착하는 것은 어리석은 일이다. 비록 모양은 미의 기준에서 한참 멀다고 하더라도 건강하고 원하는 활동을 하는 데 문제가 없다면 그것으로 충분한 것이다.

진정으로 멋진 여자의 기준은 외모가 아닌 마음에 있다. 멋진 남자들은 여자를 육체적인 대상으로 판단하지 않는다. 그저 얼마 동안 놀이 친구로 사귀는 것이 아니라면 그렇다. 정작 자신의 배우자로 여자를 선택할 때는 다른 기준으로 선택하는 것을 보면 알 수 있다. 연애 따로 결혼 따로라는 말이 있지 않은가. 지혜로운 사람은 육체적인 것의 가치와 정신적인 것의 가치를 구분할 줄 아는 사람이다. 육체는 늙으면 그 모양이 변하지만, 정신적인 완숙함은 나이를 먹을수록 그 가치를 더한다.

> ⚠ **Tip for Woman's Heart**
>
> 삶은 겉모양으로 사는 것이 아니라 속마음으로 사는 것이다.
> 외모가 아닌 내면에 마음을 쓰는 여자를 선택하라.

여자 마음 **설명서**

"엄~청 커"

○ ○

과장을 잘하는 여자

Conversation ▲▼

▲   어제 새로 생긴 쇼핑몰에 갔는데 편의 시설도 멋지고 좋더라.

그래? 쇼핑몰이 다 그렇지 뭐. 별거 있어? ▼

▲   아니야. 다른 곳보다 훨씬 크고 멋져.
자기가 한번 가봐야 알아. 정말 잘해놨더라고. 진짜야.

    여자들이 과장을 잘하게 된 데는 남자들한테도 책임이 있다. 뭔 말을 해도 믿지를 않으니 강조에 강조를 할 수밖에 없다. 그냥 크다고 말하면 시큰둥하다가도 "정말 커! 진짜야!"라고 하면 그제야 눈길이라도 한 번 주니까 어쩔 수 없이 그러는 거다. 뭐, 물론 여자가 워낙 말이 많다 보니 쓸데 있는 말, 없는 말을 주저리주저리 하는 문제가 없지는 않다. 남자 입장에서야 도무지 뭔 말을 하고 싶어 하는 것인지 알 수도 없고 들어도 모르겠으니 안 듣고 싶어 하는 마음을 이해 못 하는 바는 아니다. 그래도 매번 무시하는 것은 용서가 안 된다. 가끔은 고개도 끄덕여주고 때로는 "응, 그래, 그랬어?" 해주면 좋을 텐데, 그것을 안 하니 어쩔 수 없이 생긴 버릇이다. "오늘 뭐 했어? 지난번에 이야기한 것은 어떻게 됐어?" 물어보면 영락없이 "뭐?"라고 되묻는다. 여자는 그런 남자의 태도에 사랑이 식었다느니 관심이 없다느니 트집을 잡는데 그것은 말뿐이 아니라 정말 그렇게 생각하는 거다. 남자 또한 그냥 "뭐?"라고 한 게 아니라 진짜 뭘 묻는지 몰라서 되묻는 거다.

관계가 깊어지면 사소한 이야깃거리들도 늘어난다. 남자들은 여자의 긴말은 그 말이 그 말 같다는 생각에 통째로 듣고 뭉뚱그려 한 단어로 일축해버린다. 긴 문장을 정리하는 것이 남자의 몫이라고 생각해서 그렇다. 그러고는 다른 말은 듣지도 않고 자신이 대충 잡은 맥락의 해결책을 찾느라 혼자 바쁘다. 그리고 내놓는 해결책이라는 것은 여자 입장에서 볼 때 언제나 엉뚱하고 핵심을 한참 벗어나는 경우가 다반사다. 여자가 하는 많은 말들이 대부분은 답을 원하는 것이 아니다. 그저 맞장구쳐주기를 바랄 뿐이라는 것을 남자는 모른다. 여자의 과장과 인정의 욕구는 외부에 있다. 자기 남자로부터 받는 인정이야말로 최상의 칭찬이다.

미국의 심리학자이자 철학자이며 인본주의 심리학자인 매슬로는 '결핍 사랑'은 타인이 자신의 욕구를 충족시켜주기 때문에 타인을 사랑하는 것이라고 했다. 자신의 결핍을 채워주는 사람을 사랑한다는 것이다. 이런 욕구가 한 사람에게만 있고, 다른 사람은 그러한 상대를 위해 끊임없이 채워주기만 할 수 있으면 갈등이 없다. 문제는 인간은 모두가 결핍이 있는 채로 살고 자기 내면이 아닌 외부에서 채워지기를 함께 원한다는 사실에 있다. 결혼식을 하러 들어가는 연인은 무엇이든 다 해주겠다고 다짐하지만, 결혼식장을 나서는 부부는 나한테 잘하라는 무언의 요구를 서로에게 하고 있다는 것이 문제다. 갈등의 시작은 욕구의 충돌에서 시작된다. 그러한 욕구가 과장의 형태로 나타나는 것이다. 더구나 그런 욕구에 대한 반응은 사랑하는 사람이라면 당연히 해줘야 하는 긍정이라고 생각한다. "사랑이 식었어. 관심이 없어. 듣지도 않아"라는 말을 한다는 것은 자신이 인정받지 못하고 있다는 생각의 표현이다.

인지, 정서, 행동 치료의 창시자 엘리스도 성격의 사회적 측면으로 인간은 사회 집단 내에서 양육되며 인생의 대부분을 타인에게 인상을 남기려 하고, 타인의 기대에 맞춰 살고, 타인의 능력을 넘어서려고 노력하는 데 바친다고 봤다. 즉 타인이 자신을 인정한다고 생각될 때 비로소 자신을 가치 있는 사람이라고 생각한다는 거다. 그도 그럴 것이 인간에게 인정의 욕구는 삶의 의미 같은 것이다. 크든 작든 인간은 누군가에게서 존재감을 인정받으면서 살아가고 그런 인정을 받기 위해 최선을 다하는 거다. 만약에 이러한 인정의 욕구가 원하는 곳에서 채워지지 못하면 다른 곳에서라도 채워야 살 수 있다. 취미생활을 한다든가 봉사활동을 한다든가 종교생활을 통해서라도 인정받아야 사는 의미가 있어진다. 그렇지 못하면 인간은 존재 이유를 알지 못해서 우울감에 빠지고 술로 세월을 보내거나 폐인이 되어 무의미한 연명을 하게 된다. 대부분의 사람은 그런 삶을 살지 않기 위해 즉 인정받기 위해 고군분투한다.

여자들은 대부분 좋고 싫음이 분명하다. 좋은 것은 엄청 좋고 싫은 것은 엄청 싫다. 사람도 물건도 상황도 다 같은 기준으로 평가된다. 그런 마음에는 시기도 있고 질투도 있다. 욕구도 있고 욕심도 있다. 피하고 싶은 심리도 극복하고 싶은 마음도 있다. 이렇듯 극명한 여자의 마음은 조금만 주의를 기울이면 쉽게 알 수 있다. 그런데 남자들은 그런 마음을 외면해서 화를 키운다. 그러니 자꾸자꾸 외칠 수밖에 없다. "나 정말 갖고 싶어. 진짜 얼마나 벼르던 건데 이제 겨우 말하는 거야. 사줄 거지?" 그것은 단순히 그 물건이 갖고 싶어서일 수도 있지만, 때로는 이 남자가 정말 사줄지 아닐지 가늠해보고 싶을 때도 이렇게 말한다. 남자의 사랑을 확인해보고 싶은 거다.

여자가 과장하지 않게 하려면 잘 들어주면 된다. 여자에 대한 남자의 사랑법이 생각보다 복잡하지만은 않다. 남자가 자기 말을 잘 들어주고 긍정해주며 인정해주기만 하면 여자는 그 남자에게 사랑받고 있다고 생각한다. 어차피 남자와 여자는 서로를 잘 알 수 없는 운명을 갖고 태어났다. 서로에게 말하지 않은 것을 알아주기를 바라거나 자기가 한 말을 모두 이해해주기를 바라면 안 된다. 그저 잘 들어주고 그 욕구를 읽어주고 반응해주는 것만으로도 갈등의 많은 부분은 해소된다.

서로가 이성의 생각이나 행동과 판단의 모든 부분을 이해하려고 한다면 다툼은 계속될 것이다. 불가능한 것을 가능하게 하려고 애쓰지 말고 이해 안 되는 부분은 그저 인정해주고 마음을 읽어주기만 해도 관계는 잘 유지될 것이다.

🔺 **Tip for Woman's Heart**

사소한 말에도 관심을 보이고 그 말을 꺼낸 의도를 살펴라.
들리는 소리 속에 있는 마음의 소리를 들을 수 있도록 훈련하라.

여자 마음 설명서

"나 사랑해?"

○ ○

사랑을 확인받고 싶은 여자

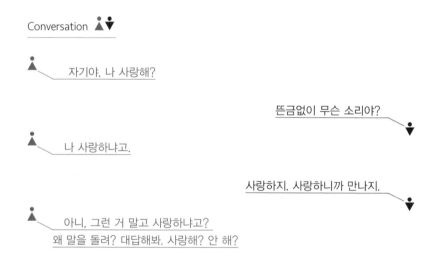

Conversation

자기야, 나 사랑해?

뜬금없이 무슨 소리야?

나 사랑하냐고.

사랑하지. 사랑하니까 만나지.

아니, 그런 거 말고 사랑하냐고?
왜 말을 돌려? 대답해봐. 사랑해? 안 해?

에리히 프롬은 사랑에 대해서 '사랑이라는 사물은 없다. 사랑
하는 행위만 있을 뿐이다'라고 정의했다. 추상적인 개념의 사랑을

입증할 수 있는 유일한 방법은 사랑하는 행위를 통해서 가능하다는 말이다.

여자가 사랑을 확인할 때는 그 남자의 사랑에 대한 믿음이 약하거나 미심쩍어 불안할 때다. 남자를 향한 마음이 깊어질수록 더욱 불안해지는 것이 남녀의 마음이다. 자기가 사랑하는 만큼 상대는 사랑하지 않아서 이별하게 될까 봐 사랑을 확인받고 싶은 거다. 자기 속의 불안을 잠재우고 싶은 거다. "나, 사랑해?", "그럼. 사랑하니까 같이 있지. 사랑하니까 만나러 왔잖아. 사랑하니까 돈 벌어오잖아" 남자는 대부분 이런 형태의 말들로 응수한다. 하지만 여자가 정작 듣고 싶은 말은 이런 것들이 아니다. 눈빛과 말로 확인받고 싶고 더 많이 안아주고 만져주고 속삭여주기를 바란다.

사실 에리히 프롬의 이론대로라면 남자가 제대로 잘 말한 거다. 남자는 사랑을 행위로 보여준 것이다. 만나러 오고, 같이 있고, 돈 벌어다 주는 것이 맞다. 그러다가 가끔은 길거리 반지도 사주는 닭살 돋는 행동도 하는 거다. 여자 마음에는 이왕 주는 것 "반지를 보니 당신 생각나서 하나 사왔어. 사랑해"라는 멘트 하나쯤은 기대하지만, 그렇게 여자의 마음을 완벽하게 읽어 표현할 줄 아는 남자는 거의 없다. 물론 남자도 여자들이 선호하는 직업을 가진 사람의 경우는 예외일 수 있다. 예를 들면 패션, 미용, 음식 등과 같은 일을 선호하는 남자라면 어쩌면 여자보다 더 여자같이 자신의 감정을 표현할 줄 안다. 그런 사람이 아니라면 대부분의 남자는 이런 식의 사랑법이 어색하고 불편하다. 그것이 남성호르몬이 넘치는 남자의 사랑법이다.

달라도 너무 다른 남자와 여자는 같은 마음을 가지고 늘 다른 말을 한다. "누가 이런 거 달래? 내가 이거 갖고 싶댔어?" 하고 쏘아붙이지만, 낚아채듯 받아 든 반지를 들고 화장실에서 닳도록 만지고 또 만지며 행복해하는 것이 여자다. 그런데 남자는 기껏 쪽팔리게 사람들 지나다니는 길거리에서 큰마음 먹고 샀는데 좋은 소리도 못 들은 자신의 처지가 바보 같아서 미쳐버린다. "아~, 어쩌란 말이냐? 이 아픈 가슴을~ ♬" 알다가도 모를 것이 여자 마음이라며 남자는 통탄한다. 매번 이런 식인 남자의 행동을 이해 못 하기는 여자도 매한가지다.

왜 여자는 남자의 사랑을 줄기차게 확인받고 싶은 것일까? 좀 당당하게 남자에게 사랑을 확인할 수는 없는가? 여자도 이론적으로나 심정적으로는 그러고 싶다. 그렇게 고상한 여자가 멋있어 보인다는 것을 안다. 그런데 어쩔 것인가! 사랑이 깊어질수록 여자는 남자의 품에 자꾸만 들어가는 것을. 물론 모든 여자가 다 그런 것은 아니다. 이런 말을 하면 꼭 딴지 거는 여자들이 있다. 그들의 마음도 이해한다. 하지만 많은 여자에게 남자는 자기 삶의 전부다. 사람은 사랑받기 위해 산다. 사랑 없이 살 수 없다. 그것이 어떤 모양을 취하고 있든 사랑이라는 단어는 인간과 결코 떨어질 수 없는 단어다.

프랑스의 철학자이자 정신분석학자인 자크 라캉은 대상 a'(Ob-jet a), 즉 인간의 대상하는 욕망을 채울 수 있는 유일한 길은 사랑뿐이라고 주장했다. 욕망하는 대상을 아무리 달성해도 늘 허전함으로 남는 것은 어쩔 수 없는 인간의 숙명이다. 그것을 해결해줄 수 있는 것은 오직 사랑뿐이라면 좀 비참하더라도 갈구할 가치가 있지 않을까? 그러니 여자가 사랑 타령을 한다고 해도 나무랄 수만은 없는 일이다. 남자 또한 그런 사랑으로 세상을 살고 있기 때문이다. 사랑 없이 인간은 존재할 수 없다. 사랑에 좀 더 솔직해질 필요는 있다.

🔺 Tip for Woman's Heart

사랑하는 사람이 원하는 것을 해주라.
그것이 자신의 마음을 표현할 수 있어야 한다.

여자 마음 **설명서**

"이거 어때?"
○ ○
관심받고 싶은 여자

Conversation

나 오늘 어때?

좋아.

아니, 색깔이 어떠냐고? 예뻐?

응.

응이 뭐야? 예쁜지, 안 예쁜지 묻는 거잖아?

예뻐.

"나 어때? 이 옷은? 이건 어때?" 이런 여자의 질문은 사실 그냥 묻는 거다. 어차피 자기가 하고 싶은 대로 할 거면서 늘 묻는다.

여자는 그렇게 물어볼 수 있는 남자가 있어서 좋다. 남자의 시선을 조금이라도 더 붙잡고 싶다. 관심받고 싶고 인정받고 싶고 사랑스러운 눈길을 느끼고 싶다. 사랑하는 남자한테서 듣는 인정이나 긍정은 신바람 나는 일이다.

에리히 프롬은 인간은 보편적 안전을 얻고 고독을 피하려는 욕구와 자유를 추구하고 자기 창조를 위한 욕구를 가진다고 봤다. 인간의 모든 갈망은 이러한 두 가지 욕구의 대립 때문에 결정된다고 볼 수 있다. 그중에 그가 제시한 여섯 가지 기본적 욕구 중 인간이 자신의 뿌리를 찾으려는 것으로 가족, 집단, 지역 사회에서 애착을 형성하려는 '소속감'을 들었다. 소속감은 자연과의 일차적 관계의 상실에서 비롯된다. 우리는 분리되어 홀로 있기 때문에 초기에 가진 소속을 대체하기 위해 타인과의 관계를 통해 새로운 소속감을 확립해야 한다. 개인은 혈연관계를 통해 가장 만족스러운 소속감을 느끼게 된다.

다른 사람이 백날 칭찬해도 내 남자의 한마디만 못하다. 다른 사람 열 번 칭찬보다 내 식구 한마디가 더 가슴에 남는다. 이것이 충족되면 타인의 시선은 크게 의식하지 않는다. 자존감은 가족을 통해서 완성되기 때문이다. 가족이 얼마나 결속됐고 서로를 격려하고 인정하느냐 하는 것은 일생에 큰 영향을 주며 자존감 높은 사람으로 성장하는 중요한 요소가 된다.

자존감이 낮은 사람일수록 타인의 시선을 많이 의식한다. 어린 시절에 경험한 실패나 부정은 늘 자신을 부끄러운 사람이라는 인식을 만든다. 그래서 주변 사람들의 사소한 관심에도 신경을 쓴다. 옷을 입어도 음식을 먹어도 길을 걸어도 대화를 할 때도 타인의 시선이 신경 쓰여 자연스럽게 행동하지 못한다. 사춘기에 청소년들이 타인의 눈을 의식해서 몇 시간씩 거울 앞에서 시간을 보내는 것과 같다. 이런 행동은 어느 시기에 한정되지 않고 성인기까지 연장되어 일거수일투족에 부자연스러운 마음을 보인다. 매사에 민감하고 타인의 말에 과민하게 대응해서 주변 사람들이 불편함을 느끼게 한다. 어떤 것을 결정하는 일에 용기가 없고 두려움을 느낀다. 현대에 '햄릿 증후군(Hamlet Syndrome, 결정장애, 여러 선택의 갈림길에서 결정을 내리지 못하고 뒤로 미루거나 타인에게 결정을 맡겨버리는 선택장애 상황)'이 부각되는 것을 보면 그 심각성을 짐작할 수 있다.

사람들에게 인정받는다는 것은 쉬운 일이 아니다. 이기주의가 팽배한 현실에서는 더욱 그렇다. 겸손해서 자신을 낮추는 사람은 왠지 세상을 잘 모르는 바보 같이 비치고, 심지어 그런 사람을 이용하고 속이는 것이 현실이다. 좀 더 영악하고 더 많이 눈치 봐서 자신의 처신을 결정해야 살아남는 세상이 되어버렸다. 그러다 보니 과거에는 쑥스러워 생각도 못했던 자기 홍보(Self Public)도 당연한 시대를 살아가는 거다. 자신을 나타내는 일에 주저하는 사람은 늘 뒷전으로 밀리는 것이 현실이다. 현대는 그것이 무엇이든 자신의 모습을 인정하고 그것을 자기 표현이라고 당당히 주장할 줄 아는 사람이 멋진 사람으로 인정받는다. 결정과 선택이 언제나 옳다고 할 수는 없다. 다만 지금 자신의 선택을 믿을 뿐이다.

어느 정도 타인을 의식하는 것은 자기 발전에 필요하다. 하지만 지나친 눈치 보기는 아무런 도움이 되지 못한다. 무례한 행동으로 타인에게 피해를 주지 않는 선에서 그렇다. 자신의 부족함을 인정하고 있는 그대로 당당하게 나타내는 것, 타인의 부족함도 인정하고 기다려주고 각자의 장점을 함께 협력해 나아가는 것이 현대가 요구하는 인간상이다. 그런 당당함은 자신의 발전을 위한 부단한 노력을 동반한다. 그저 못난 것을 못났다 인정하고 그대로 머무른다면 그것은 게으름이고 어리석음이다. 당당함은 자신의 부족함을 아는 당당함이다. 끊임없이 노력하고 최선을 다해 현재를 살 수 있다.

⚠ **Tip for Woman's Heart**

그녀의 그러함을 인정하고 공감해주라.
여자는 청각에 약하다. 가능하면 언어로 표현하라.

"괜찮아요"
○ ○
착한 여자 콤플렉스에 걸린 여자

Conversation 👤👤

> 미련 씨, 괜찮아요?

괜찮아요.

> 상처받지 마세요. 저 사람이 원래 저래요. 아시잖아요.

알아요. 저, 정말 괜찮아요.

자존감이 없는 여자다. 주체성도 없고 자신감도 없다. '여자는 착하고, 조신하고, 내조를 잘하고, 아이를 잘 돌보고, 살림을 잘 살고, 시어른을 잘 모시고, 말썽을 피우면 안 되고, 시끄러워도 안 되고, 가족을 소리 없이 알뜰살뜰 잘 챙겨야 한다' 여자는 그래야 했다. 그런데 이런 생각은 지금도 여전히 요구되고 있다. 아무리 세상이 바뀌고 여성의 지위가 올라갔다고 해도 여전히 시어머니와 남자들은 착한 여자를 좋아한다. 이들의 위치를 보면 그들이 왜 착한 여자를 좋아하는지 바로 알 수 있다. 많은 경우 이들은 가정에서 갑이다. 시집에서 시어머니는 갑이고 남녀 사이에서 남자가 아직은 갑이다. 시어머니의 갑질은 과거 자신의 상처에 대한 보상으로 있고, 남자의 갑질은 가정의 경제권과 남자라는 위치에서 우위에 서고 싶은 욕구에 있다.

이런 욕구가 있는 한 개성 있고 자기주장 강한 여자는 골칫덩어리다. 남자도 연애할 때는 잘 놀고 개성 있고 독특한 캐릭터의 여자들을 선호한다. 하지만, 결국 배우자로는 말 잘 듣고 큰 문제를 일으키지 않는 착한 여자를 선택한다. 이런 남자의 심리를 잘 아는 여자는 자신이 원하는 것을 가진 남자 앞에서는 착한 척한다. 이럴 때는 마음을 볼 수 없다는 것이 큰 장점이다. 애교를 보이고 남자와 다른 생각을 하고 있어도 내색하지 않고 대부분 수용한다. 남자를 향한 칭찬도 아끼지 않는다. 사랑한다는 말을 자주 한다. 그 남자가 원하는 것에 최대한 맞추려 애쓰고 자신은 원래 없었던 것처럼 생각도 가치도 원래 그랬던 것처럼 남자의 입맛에 맞춰 자신을 변화시킨다. 이런 사람은 눈치를 잘 보고 비위를 잘 맞춰 상대의 신경을 거스르지 않으려고 애쓴다.

호나이가 주장하는 기본적 불안에 대한 자아 보호 기제 중의 하나인 애정과 사랑 확보 차원의 행위로 볼 수 있다. '만약에 당신이 나를 사랑한다면 당신이 나를 해치지 않을 것이다(If you love me, you'll not hurt me)'라는 소망이다. 애정과 사랑을 확보하기 위해서 타인이 원하는 것은 무엇이든 하려고 노력한다는 거다. 버림받거나 거절당할 것 같은 불안으로 당당하게 불의에 맞서지 못한다. 이런 성향을 보이는 사람 중에는 과거 어린 시절 양육과정에서 부모로부터 심한 억압이나 비난 혹은 처벌을 받고 자란 경우가 많다. 그래서 받게 된 불이익들에 대한 강한 기억 때문에 다시 그런 상태로 내몰리게 되는 환경을 처음부터 차단하고 싶어 한다. 원하는 것을 얻기 위해 자기 아닌 모습으로 있다고 해도 그런 불편함 정도는 충분히 감수할 수 있다고 생각한다.

문제는 억압이다. 억압(Reperssion, 고통스럽고 불쾌한 생각이나 기억을 의식에서 축출해 무의식에 가두는 과정)은 조건만 맞으면 그 본연의 얼굴을 드러낸다. 억압의 형태가 아니라 원래부터 심성이 곱고 착하며 배려심이 많아서 불편한 환경을 만들고 싶어 하지 않고, 자신보다는 타인의 마음을 헤아려 사는 것이 좋은 사람도 있다. 이런 사람은 그 성향이 이중적이지 않고 조용하며 평온한 마음을 가진 사람이다. 이런 사람이라면 어떤 경우의 일도 문제가 되지 않을 수 있을 것이다.

그렇지 않고 자신의 성향을 감추고 타인의 비위를 맞추기 위해 본성을 숨기는 경우가 문제다. 본성을 숨긴 사람의 경우는 시간이 흘러 가정에서 자신의 말이 힘을 얻고 자신의 지위가 확고하다고 인식하면서부터 본성이 드러난다. 남편에게 과거와는 다른 자기만의 주장을 하기 시작하고, 약자인 자식들에게 폭력을 행사하기도 한다. 이 시기가 되면 대부분의 남편은 "너, 원래 이런 사람 아니었잖아? 당신, 원래 이런 사람이었어? 다른 사람 같다"라는 말을 하기 시작한다. 언제나 그렇듯 이런 현상들이 문제다. 물론 과거 친밀하지 않을 때는 조금 조심스럽고 불편해서 자기표현을 못 하고 일정 부분 참는 경우가 대부분이다. 이런 이중적 태도는 어쩌면 정상적이다. 관계를 형성하기 위해 서로의 입장을 살피고 자신의 의견을 말할 기회를 찾는다는 것은 좋은 모습이다. 그것은 타인을 위한 배려고 자신의 의견을 오해 없이 전달할 방법을 찾게 해주기 때문이다. 하지만 이런 목적이 아닌 억압에 의한 투사로서의 일방적 자기주장이나 폭력(언어. 정신. 육체)이 문제인 것이다.

사실 이런 현상은 남녀를 구분할 수 없는 인간 심리의 공통된 현상이다. 다만, 지금은 여자를 이야기하고 있으니 여자로 지칭할 뿐이다. 우리는 사실 이런 경험을 누구나 하고 있다. 관계를 만들어가는 데 있어서 억압은 가장 큰 장애 요인이 된다. 그것이 장차 영향을 미칠 많은 일을 생각해보면 정말 위험한 것이다. 그런 위험들을 사전에 줄이기 위해서는 무엇보다도 자신의 감정에 솔직해지는 연습을 해야 한다. 남자들의 편의로 만들어놓은 '착한 여자'라는 그물에 불편을 감수하면서까지 자신을 옭아매는 것은 당장은 필요한 것을 얻을 수 있을지 모르지만, 가까운 미래에는 감당하기 어려운 결과를 만들 수 있다. 본성이 아닌 것은 결국 드러날 것이고 그것은 처음 형성된 관계를 아주 불편하게 할 것이다. 사람들은 그 사람의 처음 모습을 오래도록 기억하기 때문에 그 모습이 좋아서 선택한 관계라면 끊임없이 처음 모습을 찾으려고 할 것이다.

지금보다 더 어려운 일을 만들기 전에 자신은 없고 착한 여자만 존재하게 하는 것이 타당한 것인지 생각해야 한다. 그런 가면(Persona)이 자신을 어디까지 비참하게 하고 얼마나 많은 스트레스를 안겨줄지 그래서 결국 자신의 선택이 그리 오래가지 못하고 파괴됐을 때 자신은 어떤 모습으로 있게 될지 생각해봐야 한다. 세상에는 착하지 않아도 얼마든지 선택받고 선택할 수 있는 사람들이 있다. '언행이나 마음씨가 곱고 바르며 상냥하다'라는 착하다는 것의 의미는 많은 오류를 품고 있다. 사람은 언제나 언행이 바를 수도 마음씨가 고울 수도 항상 상냥함을 유지할 수도 없다. 삶이 그런 것들을 가능하게 하지 않기 때문이다.

때때로 착할 수는 있다. 저자는 착한 사람보다는 좋은 사람이 되라고 권하고 싶다. 좀 곱지 못하고 조금 상냥하지 않지만 자기 생각을 부드럽게 표현하고 자기를 사랑하며 자기 가치를 존중하는 사람은 타인도 그렇게 존중하고 그 사람만의 가치를 인정해줄 것이기 때문이다. 불의에 대해서 때로는 거칠게 저항하고 선을 위해서라면 다소 불편한 상황을 견뎌낼 줄 아는 뚝심이 있는 사람이 되라고 권하고 싶다. 좋은 여자는 타인과의 갈등에서 합의를 끌어내 그 일을 지혜롭게 잘 해결해나가는 사람으로 스스로 자유로운 사람이다. 한 가지 분명한 것은 착한 여자 이미지는 여자 자신이 만든 이미지는 아니라는 것이다.

⚠ Tip for Woman's Heart

착한 여자는 편안하게 살 수는 있겠지만, 발전은 없다.
좋은 여자는 조금 피곤할 수는 있겠지만,
도움되는 내조가 가능할 것이다.
이 둘보다 더욱 좋은 것은 지혜로운 여자다.
지혜 정도를 알아보는 방법은 결정권을 주고
무엇을, 왜, 어떤 이유로 선택하는지를 살펴보면 가능하다.

여자 마음 설명서

"또 실패하면…"
○ ○
재혼이 두려운 여자

Conversation

사귀는 사람은 마음에 들어?

응. 그런데 용기가 안 나. 또 실패할까 봐.

잘 보고 신중하게 결정해.

그래서 살피고 또 살피는데도 자꾸만 두려워.

아무리 실패가 성공의 어머니라고 해도 두려운 것은 두려운 거다. 결혼은 제2의 삶을 살아가는 중요한 모티브(Motive)가 된다. 결혼식은 부모, 형제, 친지, 친구, 동료, 주변인들의 이목이 쏠리고 그들 앞에서 자신들의 결정을 굳히는 자리다. 그렇게 하겠노라 약속하고, 또 그렇게 잘 살도록 빌어주는 자리다. 결혼은 둘의 연애와는 완전히 다른 차원의 약속이며 결심이다. 그런 약속을 그런 동의를 파기하는 것이 이혼이다. 이혼은 자신의 선택이 잘못됐다는 것을 시인하는 거다. 사람은 누구나 타인의 잘못은 쉽게 지적하고 질타하지만 자신의 잘못을 인정하는 것은 매우 불편해한다. 인정하고 싶지 않은 거다. 지금의 결정은 어쩔 수 없는 선택이었다는 것에 대해 장시간 설명해서라도 이해받으려고 애쓴다. 조금이라도 자신의 선택에 대해 인정받고 싶은 거다.

하지만 이혼이라는 부정적 이미지는 자신을 이미 실패자로 낙인찍었고, 그 낙인은 주홍글씨가 되어 누구보다 먼저 자신의 눈앞에서 선명하게 빛난다. 모든 이들에게 보이는 자신의 가슴에 새겨진 주홍글씨는 어떤 말로도 위로도 긍정으로도 씻어내지 못하는 엄청난 충격이다. 그랬던 그녀가 다시 일어날지도 모르는 실패를 향한 선택과도 같은 재혼을 선택한다는 것은 이혼의 경험보다 더한 두려움이다. 처음 선택에 대한 실패의 고통이 크면 클수록 재혼에 대한 두려움은 가중될 수밖에 없다. 그럼에도 불구하고 재혼을 결심한다는 것은 지금의 남자가 전남편과 전혀 다를 것이라는 확고한 믿음이 있을 때 비로소 가능하다.

그러나 이 과정에서 형성된 신뢰나 믿음은 미래 소망에 대한 것이어서 혹시 일어날지도 모르는 이혼의 상흔이 끊임없이 따라다니며 매사에 자신을 괴롭히는 문제 요소가 되기도 한다. 옛 어른들의 말에 의하면 '한 번 이혼한 여자는 두 번 이혼하기 쉽다'라는 말이 있다. 이 말을 심리학적 측면에서 본다면 여자는 처음과 같은 선택을 할 여지가 많다는 거다. 이 말에서 이혼하는 주체는 여자이기 때문이다. 다시 말해 문제의 요인이 남자가 아닌 여자 자신이 가지고 있다는 말이기도 하다. 선택하는 사람도 자신이고 이혼을 하는 사람도 자신이기 때문에 문제를 안고 있는 사람도 자신이 된다. 바꾸어 말한다면 문제를 안고 있는 사람의 문제요인이 바뀌면 다른 선택을 할 수 있다는 말이 된다.

이런 형태의 인간 심리를 잘 설명하고 있는 사람이 프로이트다. 프로이트는 엘렉트라 콤플렉스(Electra Complex, 딸이 아버지에게 애정을 품고 어머니를 경쟁자로 인식해 반감을 갖는 경향을 가리키는 정신분석학 용어)를 들어, 딸의 아버지에 대한 '애정'은 무조건적인 사랑이라고 주장했다. 아버지가 사랑할 만한 존재여서가 아니라 아버지이기 때문에 갖는 무조건적 사랑이며 선망이다. 아버지가 비록 알코올 중독(Alcoholic)이거나 폭력을 일삼는 사람이라고 할지라도 그렇다. 이성적으로는 그런 아버지를 죽이고 싶을 만큼 증오하지만 무의식에서는 그를 사랑하는 상반된 심리를 갖는 거다.

아버지와는 180도 다른 사람이라고 생각해서 선택한 남자가 결국에는 아버지와 비슷한 증상을 보이는 경우를 보는 이유다. 어린 시절 양육환경에서 경험한 일상들이 자기 무의식에 녹아들었기 때문에 자신도 모르게 그런 비슷한 행태를 보이는 사람에게서 신뢰를 느끼고 편안한 느낌을 받는다는 거다. 분명히 '옳지 못함'임에도 불구하고 '그러함'으로 인식되어 자신도 모르게 그런 상황들을 자연스럽게 받아들이게 된다. 매일 폭력에 시달리던 여자가 폭력 없이 그냥 넘어가는 어느 날이 오히려 '옳지 않음'으로 받아들여져서 더 큰 불안에 시달리는 것과 같다. 빨리 한 대라도 맞고 나면 오히려 '그러함'으로 몸은 아프지만 최소한 오늘만은 더 이상의 구타는 없을 것이라는 안도의 마음에 편하게 잠을 자는 것과 비슷한 상황이라고 볼 수 있다.

이런 불합리함에 대한 '만연성'은 심리적으로 강하게 내재되어 지극히 가정적인 남자가 오히려 불편하고 부자연스럽다고 느끼게 된다. 오랜 습관에서 오는 불편함이다. 지극히 이상적이며 바람직하다고 인정되는 사람을 만나면, 그것은 왠지 자기 옷이 아니라는 불편함으로 지금의 편안함이 언제 예상치 못한 상황으로 돌변할지 모른다는 불안으로 남게 된다. 그래서 그녀는 다른 선택을 하는 것이 옳음에도 불구하고 과거와 같은 선택을 하게 되고, 그 선택이 잘된 선택이라고 스스로 자위하게 되는 아이러니가 반복된다. 그렇게 옳지 못함을 옳지 못함이라 인식하지 못하고 선택했다가 혹시라도 그 남자에게서 아버지(심리적 근본 원인은 아버지에게서 기인한다고 볼 수 있다)나 전남편의 부정된 어떤 모습과 닮은 행태가 보이면 강하게 반응하거나 말할 수 없는 절망감에 빠지기도 한다. 때로는 심각한 우울감에 빠져 위험한 선택을 하게 되기도 한다. 이런 것들을 '트라우마(Trauma)'라고 한다. 이런 결정은 많은 사람이 자신도 모르게 하는 실수다. 하지만 본인만 모르고 있을 가능성이 크다.

이러한 일들을 경험하지 않기 위해서 가장 중요한 것은 자신이 변하는 거다. 정말 이것처럼 어려운 것이 또 있겠느냐마는 이것만이 과오를 반복하지 않을 수 있는 가장 중요한 해법이다. 자기 변화 없이 또 다른 선택을 한다는 것은 같은 일이 반복되는 것을 인정하는 것이다. 자기 자신이 변하면 자기 가치관이 변하고 자기 인식이 변하면 타인을 보는 눈이 달라진다. 새로운 삶을 원한다면 우선 자기의 인식 변화, 자기 가치의 변화, 새로운 형태의 삶, 예전과 다른 '자기'를 만드는 것이 우선되어야 한다. 물론 정말 말도 안 되는 결혼도 있고 정말 잘한 이혼도 있다. 그렇다고 하더라도 그렇다. 많은 부분 잘못은 자기 내면의 문제인 경우가 많기 때문이다.

⚠ **Tip for Woman's Heart**

재혼의 가장 큰 심리적 장애 요인은 불안이다.
일관된 언행으로 믿음을 주라.

여자 마음 **설명서**

"그런 말이 아니고…"
○ ○
돌려 말하는 여자

Conversation

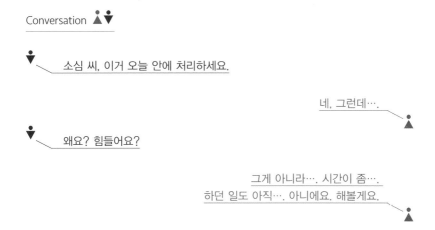

소심 씨, 이거 오늘 안에 처리하세요.

네, 그런데….

왜요? 힘들어요?

그게 아니라…. 시간이 좀….
하던 일도 아직…. 아니에요. 해볼게요.

자존감이 낮다. 비난이 두렵다. 직설화법을 사용하면 사람들이 당돌한 여자라고 놀린다. 자기표현을 잘하고 가식 없이 행동하는 사람은 껌 좀 씹었냐며 놀린다. 섹스를 말하면 음흉한 눈빛으로 걸레 취급하며 싫고 좋음이 분명하면 까칠하다며 못마땅해한다. 언제부턴가 착한 여자 나쁜 여자로 구분 짓고 판단한다. 자기표현에 서툴고, 싫고 좋음을 잘 말하지 못하고, 별말 없이 시키는 일을 고분고분 잘해야 착한 여자다.

자기 의견을 말하고 할 수 있는 일과 없는 일을 구분 짓는 여자는 못된 여자다. 가정을 성의껏 돌보지 않고, 내조에 힘쓰지 않으며, 시부모의 의견을 100% 수렴하지 않고, 자기 삶의 일부를 고집하는 여자는 나쁜 여자다. 남성 위주의 문화는 권력이 됐고, 고스란히 나이 든 여자(시어머니)의 손에 쥐어졌다. 아들에게 말한다. "착한 여자를 데리고 오너라. 못된 년은 어디 갖다 버리지도 못해." 효자거나 효자이기를 소망하는 아들은 엄마의 입맛에 맞는 여자를 데려다주려고 고심한다.

이런 사회 분위기는 공·사기업으로 고스란히 흘러 들어간다. 대표는 말 잘 듣는 직원을 채용하고 간부들은 자기 앞에서 아부 떠는 부하에게 기회를 준다. 자기주장이 강한 사람은 곳곳에서 미운 오리 새끼가 되고 기회도 주어지지 않으며 주어진 기회조차 박탈당한다. 물론 '자기주장'이라는 것들은 객관적인 시각에서 보편적 인식으로 수용 가능할 때라는 전제에서 그렇다. 그러다 보니 원래 언어능력이 뛰어난 여자라지만 조직만 들어가면 대부분 말을 잘 못 한다. 눈치를 봐가며 윗사람의 심기를 건드리지 않으려고 노력한다. 마치 호나이가 말하는 '애정과 사랑 확보' 차원에서 어린아이가 기본적인 불안으로부터 자신을 보호하려고 타인이 원하는 것을 무엇이든 하려고 하거나, 타인에게 잘 보이려고 아부하는 것과 같이 불안함에 목소리가 기어들어가는 거다. 자기주장은 "네…, 저…, 그런데…, 아니에요…"로 시작한 말을 끝맺지 못한다. 꼭 하고 싶은 말이 있지만 직설적으로 하지 못하고 돌려서 어렵게 말하지만 대부분 받아들여지지 않는다.

그런 여자를 대부분의 사람은 착한 여자라고 규명하고 선호하며 부추긴다. 자신들의 입맛에 맞게 처신하니 착한 여자다. 사회가 아무리 개성을 강조하고 창의력을 높이 평가한다고 해도 조직에서 그런 성향이 좋은 대우만 받는 것은 아니다. 자기주장이 뚜렷한 사람이 맡은 일도 확실하게 잘할 것으로 기대하고 면접관이 뽑는다고 해도 해당 부서에 들어가면 제일 먼저 칼질당하는 것이 '자기주장'이 된다. 그나마 외국계 기업에서나 가능할 일이다. 우리나라의 고전적 인식과 권력유지 방식이 바뀌지 않는 한 사회 변화는 시기상조다. 가정이나 집단이나 기업에서 언제까지나 착한 사람을 길러내고 조장하는 분위기가 없어지지 않는 한 변화도 발전도 없다고 생각한다.

착해서 자기가 원하는 삶을 살지 못하는 사람보다는 악한 일을 피하고 선한 일에 마음 쓰는 좋은 사람을 인정하는 사회가 될 때 비로소 변화는 가능하다. 좋은 사람은 자신의 이익을 나눠 타인과 함께 누리는 사람이다. 자기 몫의 일을 분명하게 처리하며 옳고 그름을 정확히 구분하는 사람으로 비리와 불합리함에 눈 감지 않는 사람이다. 할 말과 하지 말아야 할 말을 구분하며 앉고 섬이 분명한 사람이다. 따지고 분별하는 것에 정확하지만, 타인의 이익을 위해 자기 몫의 것을 나눌 줄 아는 사람이다. 이런 변화는 누구를 위해서가 아니라 자신을 위해서 더욱 필요한 변화다. 남자들은 착한 여자를 취해서 현명한 여자이기를 소망한다. 꿈 깨시라. 그런 여자는 없다! 착한 여자, 좋은 여자, 현명한 여자가 있을 뿐이다. 선택은 자유다.

🔺 Tip for Woman's Heart

자존감이 낮은 사람에게는 칭찬과 긍정이 중요하다.
자신의 의견을 솔직히 말할 때,
비난하지 말고 잘 들어주고 방법을 함께 찾아라.

여자 마음 **설명서**

"그거 꼭 해야 돼?"
○ ○
섹스를 싫어하는 여자

Conversation

자기, 오늘 어때?

뭐가?

그거, 해도 돼?

그렇게 하고 싶어?

섹스가 싫은 게 아니라 그 남자가 싫은 거다. 섹스는 몸의 언어다. 언어는 반드시 소통을 전제로 한다. 소통되지 않는 육체의 맞닿음은 의미가 없다. 입을 통해 나오는 기호의 언어는 거짓말도 하고 때로는 간사하게 때로는 과장되게 표현될 수 있지만 육체로 나누는 언어는 거짓을 말할 수 없다. 미묘한 근육의 움직임은 많은 것을 말한다. 여자는 그런 남자의 근육의 떨림과 손놀림을 통해 듣는 것을 좋아한다. 남자의 배출 욕구와는 전혀 다른 것이다. 남자에게는 삽입과 배출이 섹스의 시작이고 완성이지만 여자는 삽입이나 배출이 없어도 상관없다. 그것이 주는 의미보다 스킨십이 주는 의미가 더 크기 때문이다.

충분한 전위만 이뤄진다면 남자가 따로 요구하지 않아도 그 욕구를 먼저 채워줄 수 있는 것이 여자다. 그렇게 여자가 섹스를 유도하는 것이 상대를 배려하는 마음이며 옳은 방법이다. 손가락의 움직임, 힘의 강도, 근육의 떨림, 속삭이는 말, 내뿜는 입김에서 여자는 모든 것을 느낀다. 남자에게 삽입이나 배출을 허용하는 것은 전위를 통해 얻은 기쁨의 보상이다. 여자는 전위를 무시한 피스톤 행위만으로 끝나버리는 섹스는 폭력으로 받아들인다. 상대에 대한 배려 없이 자신의 욕구만 채운다고 생각되기 때문이다. '그럴 거면 왜해?'라고 반문하지만 남자는 전위과정이 얻을 것 없는 귀찮은 행위인 거다. 그것은 순전히 여자를 위한 서비스라서 마음 내키면 한 번쯤 할 수 있는 정도라는 생각 때문이다.

일간에서는 게이나 레즈비언들 간의 섹스가 최고의 만족을 준다는 말이 있다. 그들은 동성으로써 이성에게는 일일이 말로 다 표현하지 못하는 디테일한 욕구를 자기 몸이 반응하는 대로만 하면,

그것이 상대가 원하는 것이 되기 때문에 만족도가 높다고 한다. 나로서는 입증할 방법은 없지만 충분히 가능한 일이라는 생각이다. 남자들끼리는 귀찮은 전위과정 없이 피스톤 행위만으로 충분히 만족할 것이기 때문이다. 그러니 이성 간의 욕구가 이렇게 현저히 다른 상황에서 서로의 욕구를 충족시켜주는 섹스를 하기란 쉽지 않다. 그렇다고 안 할 수 없다면 피차 부단히 노력하고 일정 부분 인정해야 한다. 소통을 위한 진통을 욕구만큼이나 끈기 있게 나눠야 한다.

이런 것들을 보더라도 남자와 여자가 부부로 사는 것 자체가 힘겨움이라는 생각이 절절히 든다. 자신과는 전혀 다른 메커니즘을 지닌 이성이 지금 상태에서 어떻게 느끼는지 같은 것을 보면서 그는 무엇을 원하는지 상상하는 것은 처음부터 모순이다. 이성으로서는 알 수도 이해할 수도 없는 일들이 대부분이다. 물론 동성이어도 그럴 것이고 쌍둥이여도 그렇고 사실 자신도 자기감정을 다 알지 못하는 상황이니 오죽하겠는가! 그러므로 매 순간 서로가 느끼는 것, 생각하는 것, 상상하는 것들을 알기 위해 꾸준히 살피고 듣고 적극적으로 표현해야 한다. 그럴 때 비로소 조금 만족스러운 결과를 얻을 수 있다.

섹스는 욕구를 분출하는 단순한 동물적 행위가 아니다. 섹스는 힘든 일도, 괴로운 일도, 슬픈 일도, 즐거운 일도, 소망도, 기대도, 나른함까지도 그 외의 그 어떤 희망도 언어로 기표화 되지 못하는 깊은 단계의 무의식에 있는 욕망까지도 함께 나눌 수 있어야 한다. 그런 의지가 없다면 자위하는 것이 옳다. 여자는 남자의 욕구를 채워주는 섹스 기구가 아니다. 그렇게 충분히 대화할 마음이 없다면 시도하지 않는 것이 옳다.

또 다른 이유로 섹스를 싫어하는 사람 중에는 성폭력에 의한 트라우마나 사디즘(Sadism, 성적 대상에게 고통을 줌으로써 성적인 쾌감을 얻는 이상 성행위)적 이상 성행위 등을 경험한 이유로 섹스를 거부하는 경우도 있다. 이는 반드시 치료되어야 할 또 다른 문제다. 성폭력에 대한 부분은 마지막에 언급하겠다. 이런 이유가 아니라면 여자는 섹스를 싫어하지 않는다. 섹스가 주는 즐거움과 대화가 주는 상쾌함을 여자라고 왜 모르겠는가! 만약 자신의 여인이 섹스의 즐거움을 모른다면 남자는 진심으로 반성해야 한다.

🔺 **Tip for Woman's Heart**

몸의 대화는 마음이 움직이지 않으면 불가능하다.
이해받고 사랑받고 존중받고 있다고 느끼게 하라.

여자 마음 **설명서**

"그 여자 있잖아~"

○ ○

험담으로 하루를 시작하는 여자

Conversation

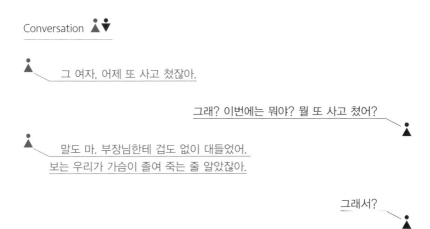

그 여자, 어제 또 사고 쳤잖아.

그래? 이번에는 뭐야? 뭘 또 사고 쳤어?

말도 마. 부장님한테 겁도 없이 대들었어.
보는 우리가 가슴이 졸여 죽는 줄 알았잖아.

그래서?

험담같이 즐거운 일은 없다. "야, 왜 우리 회사 ○○ 있잖아. 너
그 이야기 알아?", "야, 말도 마! 그 여자 있잖아", "오늘 우리 부장
님은…"으로 시작되는 험담은 두 시간은 기본이다. 시원한 맥주에

노가리를 씹으며 떠들어대는 그들의 일상은 하루의 피로를 잊기에 충분하다. 험담 중 가장 스릴 있는 것은 무엇보다도 타인의 썸을 훼방 놓을 때다. 특히 자기가 좋아하는 남자와 썸 관계에 있는 여자의 험담을 그 남자 앞에서 할 때는 카타르시스를 느낀다. 이 작업은 고도의 기술이 필요하지만 여자에게는 식은 죽 먹기다. '네가 좋아하는 그 여자 그렇게 좋은 여자 아니야'라는 뉘앙스가 전달되도록 열심히 폭로한다.

문제는 그런 노력도 무색하게 "그래, 그럴 수도 있지 뭐"라는 반응이 나오면 김샌다. '뭐 이런 인간이 다 있어? 재수 없어! 완전히 빠졌구먼? 나 지금까지 뭐 한 거지?' 해가며 타는 목에 소주를 연신 부어댄다. 그러다가도 분에 안 차면 술자리를 박차고 나가버린다. 이 지경이 되면 그녀의 시기 질투는 다 들통나고 다음 날 출근이 불편해진다. 심심풀이로 시작했다가 감정싸움까지 가는 것이 험담의 끝이다. 험담의 특징은 당사자에게 알리지 않겠다는 서로 간의 암묵적인 믿음이 있을 때 감행되지만 그런 험담을 폭로하는 사람이 꼭 있다. 험담의 주인공에게 점수를 따겠다는 심산이다.

하지만 그런 사람은 그 이야기의 당사자에게는 물론, 함께 있었던 사람들에게까지 따돌림을 당할 확률이 높다. 그런 위험을 감수하면서 사람들은 왜 험담을 할까? 대부분 자신의 트라우마를 해소하기 위해서다. 험담은 소화제다. 이렇게라도 해소하지 않으면 주눅 들어 살 수가 없기 때문이다. 권력에 짓눌리고 권위에 주눅 든 자신을 회복하는 길은 험담하는 사람들과의 관계 속에서 동지애로 회복된다. 환경이나 능력이 뒤로 밀리는 사람에게 험담은 그런 부끄러운 심리를 어느 정도 만회해주는 다독임 같은 거다. 험담 내내 얻어내는 위로나 공감은 다음 날 출근길 발걸음에 활력소가 된다. 하지만 부정은 부정을 만든다. 여기서 느끼는 동지애는 견고하지 못하고 늘 불안을 포함한다. 자신도 언제든지 그 험담의 주인공이 될 수 있다는 불안은 집착을 불러오고 의혹이 생기게 한다.

험담을 즐기는 사람은 주로 외향적인 사람들이 많다. 지위상 얼굴을 맞대고 자신의 의견을 피력할 수 없는 환경에서 주로 이용하는 장치다. 내향적인 사람처럼 마음에 담아두지 못하고 어떤 형태로든 나타내야 직성이 풀리는 다소 충동적인 사람이다. 하지만 어떤 것이든 험담은 옳지 못하다. 본인 앞에서 할 수 없는 이야기라면 그 사람이 없는 자리에서도 하면 안 되는 것이 맞다. 앞서 언급한 대로 그것이 주는 긍정적 요인이 있다고 해도 자기 내면의 문제를 그렇게 투사하는 것은 건강한 방법이 못 된다.

험담도 습관이다. 습관은 만들기 나름이다. 그 사람의 단점을 보기 시작하면 끊임없이 단점만 드러난다. 같은 의미로 장점을 보기 시작하면 장점이 드러나는 법이다. 타인의 단점은 자기 삶의 교본으로 삼아 주의하고, 장점은 시기 없이 받아들여 자기 것을 만들면 자기 성장을 가져올 것이다. 누구도 이유 없는 삶을 살지는 않는다. 또 그 어떤 사람도 그 사람이 되어보지 않고서는 그 사람을 말할 수 없다. 아니 말하면 안 된다. 그 사람의 입장, 그 사람의 처지, 그 사람의 환경이 되어보지 않은 사람은 그 사람을 말할 자격이 없다. 다만 안타까운 마음으로 위로의 말을 하고 싶다면 그 사람 앞에서 하는 것이 맞다. 그 사람이 들으면 불편할 것 같은 말은 하지 않는 것이 옳다.

옛말에 바보한테도 배울 것은 있다고 했다. 그 사람이 그렇게 된 이유가 있다. 가정환경의 문제나 그 사람이 가진 트라우마가 대부분의 이유가 될 것이다. 완벽한 사람은 없다는 말은 진리다. 그런 의미로 자신도 얼마나 부족한 사람인지를 본인이 더 잘 알 것이다. 타인을 욕하고 비난하기 전에 자신을 이해하고 용서하듯이 그렇게 타인을 이해하고 인정해주려는 마음을 내는 것이 중요하다. 나쁜 것은 습관으로 자리 잡기 전에 그만두는 것이 맞다.

🔺 **Tip for Woman's Heart**

남 이야기하는 것을 좋아하는 여자는 조심하라.

여자 마음 **설명서**

"아무나는 아니야"
○ ○
백마 탄 왕자를 기다리는 여자

Conventsation

시집은 언제 가려고? 갈 마음은 있는 거야?

가야지.

아무나 바지 입은 사람이면 가라. 네 나이가 몇이니?

아무나는 아니지. 내가 그러려고
지금껏 기다리는 줄 알아?

　　여자들의 마음은 여전하다. 예나 지금이나 그렇다. 그저 백마
가 붉은색의 페라리(Ferrari)로 바뀌었을 뿐이다. 쌀쌀한 날씨에도
뚜껑을 열어젖히고 도심의 온갖 오염을 다 들이마신대도, 땅바닥

을 발톱 세워 긁으며 콧바람을 킁킁 뿜어대는 정력 넘치는 경주마처럼 꽉 막힌 도로 위에서 굉음을 내며 눈꼴신 시선들을 받으며 서 있는대도, 그 남자의 옆자리가 자기 자리였으면 좋겠다. 페라리가 주는 고귀함이나 기품 따위는 관심 없다. 다만 그 백마가 그가 가진 것의 티끌이면 된다.

돈이 자신의 전부를 반영하지는 않지만, 돈이 없으면 사람 구실을 못하는 현실에서 돈에 집착하고 돈을 좇는 마음을 그저 비난할 수만은 없다. 배우자를 선택할 때 한 번쯤은 백마 탄 왕자 신드롬을 앓는다. 백마 탄 왕자에 꼭 돈만 결부되는 것은 아니다. 성격, 외모, 부드러움에 지성을 겸비하고 매너까지 좋은 남자라면 금상 첨화다. 속칭 Prince Charming(완벽한 남자)이다. 이런 남자가 자신의 천생연분으로 꿈에라도 나타나줬으면 좋겠다. '꽃보다 남자'에 열광한 이유다.

오죽하면 그럴까 생각해보면 마음이 아프다. 전날 지친 몸을 질질 끌고 들어와 씻는 둥 마는 둥 옷을 갈아입고 침대에 쓰러졌다가 알람 소리에 반사적으로 몸을 일으킨다. 몸만 일어났지 의식은 혼미한 상태로 그냥 다시 침대에 꼬꾸라져서 잠깐 누운 것이 '헉!' 지각이다. 순간 머릿속에 스치는 얼굴에 소름이 끼쳐 양치는커녕 물만 물었다 뱉고는 헐레벌떡 옷을 주워 입고 정신없이 뛰쳐나간다. 몸은 버스에 실렸지만 정신은 아직 침대에서 떨어지지 못했다. 횡단보도를 건너면서 눈에 들어오는 사람들의 얼굴에 핏기 없기는 마찬가지인 것에 위로 삼고 사무실 책상에 앉지만, 늘 그 모양 그 꼴로 자신을 째려보고 있는 노트북과 잡동사니들이 오늘은 더 자신을 닮은 것 같아 속이 상한다. '그만둬야지, 이건 사는 게 아니야', '이렇게 살려고 미친 듯이 공부한 건 아니었어!'를 골백번은 더 중얼거리지만 나간다고 얻을 답이 없음을 너무나 잘 알기에 책상에 고개를 처박는다.

미친 상사는 지치지도 않는 모양이다. 오늘도 소리를 고래고래 질러대며 자기 트라우마를 거리낌 없이 쏟아낸다. 이게 사는 건가! 그러니 이 정신 나간 현실을 벗어날 길은 백마 탄 왕자밖에 없다. 그런데 '왕자가 눈이 삐지 않은 이상 나 같은 사람한테 올까. 오늘은 정말 더 슬프다. 밥이 무슨 죄라고 이 허전한 마음에 밥이라도 구겨 넣어야겠다'라는 생각마저 들면, 영화든 드라마든 한 번은 그 속의 주인공이 된 착각에 빠져도 좋을 것이다. 예나 지금이나 가여운 인생살이다. 그래도 여자는 끊임없이 소망한다.

자신의 욕구를 만족시켜 줄 대상을 만난다는 것은 참으로 어려운 일이다. 사회적으로나 내면적으로 자신과 맞는 사람을 만난다는 것은 자신이 그런 사람이 되는 일만큼이나 어렵다. 완벽한 남자는 없다. 겉이 그럴듯하면 속이 좀 부족한 것이 세상 이치다. 타인을 통해 자신의 욕망을 채우려고 시도하는 것 자체가 모험이다. 그럴 시간에 자신이 그런 욕망의 대상이 될 수 있도록 내실을 채워가야 한다. 그렇게 노력한다면 상위 0.1%의 부자는 아니더라도 최소한 멋진 사람이라는 평가는 받을 수 있을 것이다. 그것이 쉽지 않다고 여겨진다면 배우자 또한 그만큼의 사람으로 만족해야 한다.

사람은 끼리끼리 살 때 가장 좋다. 그 끼리끼리가 어느 정도의 수준인가는 본인이 어느 정도의 사람인가가 결정할 것이다. 《탈무드》에 인간의 머리가 신체의 제일 위에 붙어 있는 이유는 위를 쳐다보며 자괴감에 빠지지 말고 아래를 보면서 만족하라는 의미란다. 멋진 삶은 비싼 페라리에 있는 것이 아니라 자족하며 하루를 최선을 다하는 삶에 있다.

⚠ **Tip for Woman's Heart**

헛된 꿈을 꾸는 것은 사춘기로 족하다.
허망한 생각은 자신은 물론 타인도 병들게 한다.
자신이 백마가 아니라면 여자가 빨리 꿈 깨도록 해주라.

여자 마음 **설명서**

"그래야 남자지"
○ ○
나쁜 남자를 좋아하는 여자

Conversation

3시에 만나. 장소는 알지?

네, 그때 만나요.

미안해. 길이 막혀서. 많이 기다렸지. 매번 미안하네.

괜찮아요. 제가 기다리면 되지요.

　　사실 '나쁜 남자'는 '나쁜 사람'이다. 상대를 배려하지 않는다는 점에서 그렇다. 자기밖에 모르고 자신이 최고인 사람이다. 매사자기 위주고, 많은 부분 이기적이다. 사회법을 다소 어기고 많은 여자에게 호의적이지만 소유하지는 않는다. 근거 없는 자신감으로 타인의 시선을 의식하지 않고 자기 목표를 충실히 이행한다. 여자들은 남자의 이런 모습이 멋있어 보이기는 하지만 그런 것들로 상처를 받는다. 갑작스러운 키스나 스킨십 같은 과감한 행동을 해서 여자를 당혹스럽게 하기도 하지만 그런 도발적인 행동에 매력을 느낀다. 배려하지 않는 말과 행동 때문에 속상해서 열 번은 더 이별을 작심하지만, 가끔 아주 가끔 보이는 남자의 애정행각이 진정한 사랑의 표현으로 생각되어 헤어지지 못하는 빌미가 된다. 뜬금없는 사랑의 세레나데나 갑작스러운 여행에서 그동안의 서운함이 눈 녹듯 사라지고 더 잘해줘야겠다고 다짐한다. 몇 년을 사귀고 처음으로 받아 든 선물은 가보가 되어 볼 때마다 깊은 감명으로 남는다. 고대 그리스 신화에 나오는 나르시서스(Narcisses)는 물에 비친 자기 모습에 반해 물에 빠져 죽었다. 나쁜 남자는 그런 착각에 빠져 사는 남자일 가능성이 크다.

라쉬(Christopher Lasch, 1979)는 현대 미국 사회를 빗대어 '나르시시즘의 문화'라고 일컬으면서 '나 세대(Me Generation)'의 가치는 자신을 가장 우선으로 사랑하며 자아를 추구하고 개발하고 완성하는 것이라고 했다. 그 결과 많은 사람이 타인을 위한 성숙하고 헌신적인 사랑을 할 수 없게 됐다는 것이다. 정신분석가들은 나르시시즘을 현대의 전형적인 병리 증상이라고 봤다. '자기애적 성격장애'를 1980년대와 1990년대의 가장 보편적인 임상 증후군으로 언급했을 만큼 자기 속에 빠진 사람들이 많아졌다.

사람은 기본적으로 좋은 사람을 좋아한다. 좋은 사람은 보통 배려심 있고 인정 많고 친절한 사람이다. 그런데 왜 이런 나쁜 남자에게 매력을 느끼는 것일까? 그 이유는 자신 속에 있는 욕망 때문이다. 이루지 못한 소망 같은 거다. 바보처럼 무엇 하나 스스로 결정 짓거나 해결하지 못하는 자신에 비해 어떤 것이든 거칠 것 없이 시원스럽게 잘해내는 모습은 이루고 싶은 소망이다. 그런 사람을 보고 있으면 우뚝 선 산처럼 멋져 보이고, 가능하다면 한 번쯤 넘어보고 싶은 욕망을 불러일으킨다. 언제나 자신감에 차 있는 모습, 부족하지만 기죽지 않고 꿋꿋이 헤쳐나가는 패기는 다른 남자들에게서는 좀처럼 보기 힘든 가능성을 보게 한다.

이런 심리는 에리히 프롬이 말하는 정신적 도피 기제의 일종인 '권위주의(Authoritarianism, 인간은 지배 혹은 복종의 새로운 형태에 집착함으로써 자유의 문제에서 도피하려고 추구한다)' 같은 거다. 자기가 이루지 못한 소망을 그 사람을 통해서 이루고 싶은 것이다. 그것이 지배든 복종의 형태로든 그렇다.

하지만 이런 남자는 타인의 감정에 신경 쓰지 않기 때문에 주변 사람들이 늘 다친다. 특히 그와 가깝게 지내는 애인이나 가족이 희생양이다. 이 사람에게서 자상함이나 배려를 요구하면 안 된다. 그가 하고 싶은 때가 배려의 순간이고 이해의 순간이기 때문이다. 사실상 타인의 감정을 고려한 행동이라고 보기 어렵다. 그런데도 여자는 오늘도 나쁜 남자의 늪에서 헤어나지 못한다. 나쁜 남자를 선택해서 배우자로 삼는다면, 같이 또 혼자 살 각오를 해야 한다. 그 사람은 아내의 마음에 드는 행동을 하지 않을 것이기 때문이다. 여자는 선택해야 한다. 멋진 남자와 살 것인지 좋은 남자와 살 것인지.

⚠ Tip for Woman's Heart

배려 없는 주체성은 악(惡)이다.
젊은 시절 한때의 객기로 나쁜 남자에게 매력을 느낄 수 있다.
하지만 삶은 결국 배려와 존중, 이해와 사랑이 만들어간다.
명심하라. 나쁜 남자가 나쁜 놈이 되지 않도록.

여자 마음 **설명서**

"연하는 싫어"

○ ○

연상에게만 꽂히는 여자

Conversation

연하랑 어떻게 살아?

귀엽잖아.

남자는 듬직해야지. 기댈 수 있어야 남편인 거 아냐?

데리고 사는 맛도 있어. 나름 듬직한 데도 있고….

연상의 이미지는 편안함, 배려, 이해 같은 것이다. 그런 의미에서 연하는 아니다. 젖비린내가 난다. 믿음이 가지 않고 부족해 보인다. 늘 뭔가를 챙겨줘야 할 것 같고 자신만 바라보고 있는 것 같은 이미지가 부담스럽다.

동생이어도 싫은데 그가 남자친구라고 생각하면 끔찍하다. 나이가 많으면 많을수록 좋다. 푸근한 말투는 믿음이 가고 기대기에 충분하다. 응석을 부려도 투정을 부려도 귀엽다고 말해준다. 실수해도 개의치 않고 자신이 보상해주겠다고 나서지만 억지스럽지도 않다. 그런 남자가 좋다. 기대고 싶은 심리는 때로는 아버지 같이 때로는 오빠처럼 그렇게 늘 옆에 있기를 기대하는 마음이다. 요즘에는 10살 차이는 별로 놀랄 일도 아니다. 띠동갑을 넘어 아버지 같은 사람과의 결혼도 자주 보게 된다.

물론 그런 만남이라고 해서 모두가 심리적으로 그런 남자가 좋아서라고 한꺼번에 묶어갈 수는 없는 일이다. 죽어도 나이 많은 남자가 싫은 여자도 있는 것을 보면 어느 정도 인정되는 부분이다. 어린 시절 아버지의 부재는 여자로 하여금 남자에게 더욱더 의존하게 한다.

프로이트는 엘렉트라 콤플렉스를 제안했다. 4~5세에 나타나는 성기기(Phallic Stage)에 여자아이들은 아버지를 애정의 대상으로 삼는다. 이 시기에 아이는 아버지와의 충분한 애정관계를 형성해야 한다. 그렇지 못하고 아버지가 없거나 있어도 그 역할을 제대로 해주지 않았을 경우 여자아이는 상실감을 경험하게 된다. 아버지에 대한 부재는 내제되어 있다가 이성에게서 그 사랑을 회복하려고 한다. 끊임없이 남자에게서 욕망하는 아버지를 찾는다. 그러다가 그 남자가 기대에 못 미치면 실망하고 비판하며 판단하고 비난한다.

사실 아무리 듬직한 남편, 이해심 많은 남자라고 해도 그도 사람이다. 상대를 향한 한없는 애정을 보이다가도 그도 위로받고 싶은 때가 있는 거다. 인간의 근본적 외로움이야 어쩔 수 없다고 해도 때로는 아내에게 엄마 같은 모습을 그리워하는 것이 나약한 남자의 인간성이다. 그런데 끊임없이 주고 또 주어도 만족하지 못하는 여자를 만나면 남자도 지치게 된다. 더구나 여자가 막내나 독녀인 경우에는 더욱 상황이 심각해질 수 있다.

오스트리아의 정신의학자인 아들러의 이론에 따르면, 출생순위에서 나타나는 성격의 특성상 막내나 독자들이 특히 의존적인 성향을 보인다고 한다. 다행히 남자가 맏이로 충분한 사랑을 받고 자란 사람이라면, 그런 여자의 심리를 백번 이해하고 잘 다독여줄 것이다. 물론 아내의 무한한 신뢰와 긍정이 있을 때 그렇다. 그런 여자에게 나이 많은 남자는 아버지 같은 남편, 오빠 같은 남자, 맥가이버 같은 존재로 있다. 호기 있고 조금은 과장된 표현을 하더라도 그 모습에서 남자다움을 찾는다.

그렇게 자기 마음에 맞는 이성을 만나면 한없이 애교를 부리고 사랑을 표현할 수 있다. 연상만 좋아한다고 해서 문제가 있는 것도 아니고 연하만 좋아한다고 해서 문제가 되는 것은 아니다. 이성이 어떤 사람이든 서로의 감정을 살피고 맞춰가며 살 수 있다면, 그것이 최고의 커플이다. 사랑은 만들어가는 것이지 주어지는 것이 아니기 때문이다.

⚠ Tip for Woman's Heart

'외로운 여자다. 귀엽다' 생각하고 다독여주라.
그러면 생각 이상의 더 많은 배려를 받을 수 있다.

여자 마음 **설명서**

"하지 말라고!"

○ ○

화를 잘 내는 여자

Conversation

도대체 말을 못 알아들어. 귀는 왜 달고 다녀?

천천히, 조용히 말해야 알아듣지.
그렇게 화를 내며 말하는데 어떻게 알아들어?

그럼, 조용조용 말할 수 있도록 해봐.

매번 그렇게 화를 내면 너만 손해야. 네 몸만 상하지.

　자기한테 화를 내는 거다. 분노는 타인을 향해 있지만 언제나
자기 내면에 해결되지 못한 감정이 원인이기 때문이다. 종로에서
뺨 맞고 한강에서 화풀이하는 것이 대부분이다. 화를 내는 원인의

대부분은 내면화된 자기 문제로 자격지심이나 감추고 싶은 수치심이나 부끄러운 허물 혹은 내면화된 욕구들이다. 특히 애인이나 남편에게 화를 자주 내는 경우는 이해받고 싶은 심리 때문이다. 좀 부족한 자신을, 허물 있는 자신을, 아픔과 고통을 경험한 자신을 남이 아닌 당신만은 이해해주기를 바라는 마음에서다. 그런 소망이 이해받지 못하면 서운하고 자존심 상하고 비참해진다. 그렇다고 일일이 미주알고주알 심정을 설명하기에는 자존심이 상한다. 그냥 화를 내는 거다. '왜 내 말을 신중하게 안 들어?', '자꾸만 같은 말을 반복하게 하는 이유가 뭔데?', '양말은 왜 매번 이렇게 벗어두는 거야?' 등등으로 표현되는 말들의 속마음은 '나 지금 힘들어'다.

그런데 남자가 이런 여자의 속마음을 알아들을 리 없다. 누구도 자기 아닌 타인의 마음을 읽기란 쉽지 않은 일이다. 그래서 계속 화를 내면 성질 더러운 여자라는 소리만 들을 것이 뻔해서 참고 또 참다가 폭발한다. "당신이 나한테 해준 게 뭔데? 당신하고 싶은 대로 했잖아!" 싸움은 사나워지고 지루한 침묵은 몇 개월씩 이어진다. 이렇게 꽁한 여자가 되지 않고 쿨한 여자, 화통한 여자가 되려면 자기 내면의 문제를 스스로 해결하는 수밖에는 방법이 없다. 감추고 싶은 과거, 잊어버리고 싶은 아픈 기억을 자꾸 들춰 '내 마음이 이래서 힘드니 이해해 달라'고 말하기가 어디 쉬운가! 힘겹게 말한다고 해도 그 마음이 늘 이해받을 수도 없는 노릇이고 이해해주기도 쉽지 않다.

남자도 자기의 트라우마가 있어서 혹시라도 그것이 충돌하면 예상치 못한 갈등의 빌미가 될 수도 있다. 사람은 누구나 타인의 문제보다 자신의 문제를 더 크게 느끼는 법이다. 타인의 아픔은 자꾸만 잊어버리고 자기 생각과 고민에 빠질 수밖에 없는 것이 사람이다. 그나마 조금 이해받으면 다행이다. 자신의 해소하지 못한 감정을 낱낱이 들여다보고 분석하고 이해하고 인정하고 수용하는 방법 외에는 뾰족한 수가 없다. 그것이 어렵다면 전문가의 도움을 받아서라도 문제를 재해석하는 과정은 있어야 한다. 지나온 과거를 돌이킬 수 없다. 그렇다고 묻어 두면 자꾸만 올라오는 것이 감정이다.

에리히 프롬은 인류의 황폐성을 분석하면서 이 문제를 해결할 수 있는 유일한 해답은 인간의 사랑할 수 있는 능력이라고 주장했다. 자크 라캉도 인간이 추구하는 '대상 a(Objet a, 욕망)', 즉 인간이 궁극적으로 추구하는 최고의 가치인 '대상 a'는 인간의 욕망으로 현실 세계에서는 그 어떤 것으로도 채울 수 없는 구멍이라고 했다. 권력도 부도 명예도 그 구멍을 채울 수 없어서 아무리 가져도 더 가지고 싶은 욕구로 있다는 거다. 하지만 그 구멍을 메울 수 있는 유일한 방법은 사랑이라고 지적한 바 있다. 화를 내는 원인도 채워지지 않는 근본적인 그 무엇의 작용으로 보는 것이다.

화를 자주 내는 사람을 사랑하기란 쉽지 않다. 하지만 그 사람도 자신의 내면 욕구를 표출할 방법을 달리 찾지 못해서 자신에게 화를 내는 거다. 사랑이라는 말의 의미는 이해와 아량을 포함한다.

'그 사람이 오죽했으면 저렇게밖에 표현하지 못할까?' 생각해보면 그도 안타까운 사람이다. 사랑한다면 그 사람의 내면의 소리에 귀 기울여 진정한 욕구가 무엇인지를 파악하고 함께 수정해나가는 노력을 해야 한다. 사랑 중에 가장 위대한 사랑은 무조건적인 사랑이다. 사랑할 수 있어서 사랑하는 것은 사랑이 아니다. 모두 이해할 수 없다면 그냥 사랑하는 수밖에. 사랑이 곧 변화다.

🔺 Tip for Woman's Heart

화를 낼 수밖에 없는 여자의 상처받은 마음을 읽어주라.
위로하고 다독여주며 사과하고 용서를 구하라.

여자 마음 **설명서**

"남자는 다 싫어"
○ ○
남자를 싫어하는 여자

Conversation 👤👤

👤
　　　남자가 왜 필요해?

　　　　　　　　　　　　남자랑 여자랑 살도록 만들어놨잖아. 👤

👤
　　　그렇다고 남자랑 살아야 하는 것은 아니야.
　　남자가 꼭 있어야 하는 것도 아니고. 남자는 아주 불편한 존재야.

　　　　　　　　　　꼭 그렇지만은 않아. 남자가 하는 일도 있는 거지.
　　　　　　　　　　　　2세를 만들려면 더더욱. 흐흐. 👤

　아프다. 남자를 생각하면 아픈 기억이 먼저 떠오른다. 남자 없
는 세상에서 살고 싶다. 레즈비언(Lesbian)이 아닌 이상 이성을 좋

아하는 것이 정상심리다. 그런데도 남자가 싫은 데는 이유가 있다. 가슴 아프게도 성폭력을 당했다거나 폭력이나 폭언에 노출됐다거나 장기간 조롱이나 무시를 당했다거나 배신과 같은 경우 등으로 유추해볼 수 있다. 비단 이런 경우가 아니더라도 가장으로서 역할을 못 하는 아버지 때문에 어머니가 힘겹게 살아가는 모습을 봤을 때도 그렇다.

프로이트의 논리대로라면 여자에게 애정의 대상으로서의 아버지는 멋지고 강하고 사랑의 보호자 역할을 하는 존재여야 한다. 최소한 그런 환상으로 있어야 한다. 그런데 자신이 경험하는 아버지가 폭력적이고 무력하고 가치 없는 존재로 생각되면 여자는 두렵고 불안해진다. 이런 경험은 아버지와 동일시되는 남자에게로 투사되어 혐오감이 형성될 수 있다.

호나이는 인간의 기본적 불안은 개인이 맺는 관계의 불안전감(Feelings of Insecurity)에서 비롯된다고 봤다. 이런 기본적 불안(Basic Anxiety)은 일상생활에서 자신도 모르게 경험되는 고독과 무력감이라고 정의했다. 여자들이 아버지를 통해 경험된 위협은 육체는 물론 정신까지 파괴되는 엄청난 불안과 고통으로 남는다. 남자를 보면 아버지가 보이고 타인의 아버지를 보면 자신의 아버지가 오버랩되는 경우처럼 두려움이나 불쾌한 감정은 줄곧 여자를 따라다니며 괴롭힌다.

인간은 근본적으로 안전을 소망한다. 5단계 욕구위계설로 유명한 매슬로는 인간의 기본 욕구 5단계 중 2단계로 안전의 욕구를 강조했다. 질서 있고 안정적이며 예언 가능한 세계에 대한 욕구가 안전의 욕구다. 안전 욕구의 만족을 위해서 안전, 안정성, 보호, 질서, 공포와 불안으로부터 자유가 요구된다고 봤다. 사회가 날로 포악해지고 스스로의 감정을 다스릴 수 없는 수위를 넘나드는 현실에서 여자가 안전을 보장받고 살기란 쉽지 않다. 의식이 높고 사고가 깊어도 물리적인 힘으로 감당할 수 없는 것들이 너무 많다. 그것 중에 특히 남자와 관계되는 것들에는 속수무책이다.

일부의 여자들은 그렇게 나약한 여자인 자기를 보호하기 위해 남자처럼 행동하거나 치장하고 다니는 경우도 종종 있다. 남자들이 좋아하는 놀이를 하고 그들의 언어를 사용하고 그들에게도 다소 거칠게 느껴지는 복장을 함으로써 약자인 자신을 위장하려는 심리를 보이기도 한다. 사회적 지위나 평가, 권리, 조건들이 이미 오래전부터 남자들에 의해 조성됐고, 유지 발전됐다. 상대적으로 여자는 피해의식에 짓눌린 심리를 떨쳐 버릴 수 없는 것이 사실이다. 여자들이 지위를 얻어 사회에 발을 내디뎠다고는 하지만, 분명 세상은 아직도 남자늘의 무대임을 인정할 수밖에 없는 사회체계 속에서 불평등과 물리적인 폭력들을 자주 경험한다.

동물적 메커니즘이 유용한 현실에서 여자들은 아직 낯설고 많이 나약하다. 생각은 앞서가지만 현실은 늘 버겁다. 여자는 남자가 싫은 것이 아니라 이런 두려움이 싫은 거다. 조금은 덜 위험해

보이는 자상하고 매너 좋은 남자를 좋아하는 이유다. 안전을 보장 받을 수 있는 사회, 더불어 살기에 좋은 사회는 힘을 가진 사람들의 배려로 가능하다. 사람 '인(人)'이 서로 기대어 살아가라는 의미인 이유다.

⚠ **Tip for Woman's Heart**

남자에게 상처받은 마음은 남자가 치료해주는 것이 최선이다.
나쁜 남자만 있는 것이 아님을 알 수 있도록 신뢰를 보이고
배려와 인내로 다가가라.

여자 마음 **설명서**

"사람이 왜 저래?"

○ ○

비난하는 여자

Conversation

저 사람 좀 봐. 정말 웃겨. 제정신이 아닌가 봐.

왜?

어쩌면 저렇게 살을 찌워? 먹는 것도 조절 못 해?

살 빼는 게 쉽지 않은 모양이야.

그래도 조절했어야지. 저게 뭐야? 뒤뚱거리고.

비난받고 싶지 않아서 비난하는 거다. 비난도 습관이다. 타인을 비난하는 사람은 비난받은 경험이 있는 경우가 많다. 타인을 비난함으로써 자신의 아픈 상처를 보상받고 싶은 거다. 건강한 생각이 아닌 것은 분명하다. 그렇지만 자신도 어쩔 수 없는 상황에서 반복된 행동을 한다. 직장 상사는 소속 직원들에게 언어폭력을 행사하고 선배는 후배들을 괴롭힌다. 이런 행동에는 어린 시절 양육자의 태도와 깊은 관련이 있다. 양육자의 비난하는 태도는 아이의 자존감을 짓누르며 쓸모없는 사람이라는 인식을 심어준다. 비난은 더 많은 비난을 낳고 결국 외톨이가 되도록 한다. 스스로는 생각한다. 세상살이가 정말 외롭고 힘들다고. 자신이 그런 세상을 만들고 있다고 생각하지 못한다.

캐나다의 심리학자 반두라는 보보 인형 실험으로 유명하다. 보보 인형 실험은 아이의 행동이 학습되는지에 대한 실험이다. 실험은 두 가지 상반된 상황극으로 만들었다. 하나의 놀이방에서는 아이와 함께 들어간 연구원이 놀이방 구석에 놓여 있는 보보 인형을 망치로 두들기고 집어던지는 등 공격적인 행동을 보인 후 아이를 남겨두고 나오고, 다른 놀이방에서는 연구원이 보보 인형을 쓰다듬고 안아주고 나왔다. 공격적인 행동을 보였던 놀이방에 있던 아이는 보보 인형을 반대의 실험상황에 놓인 아이보다 훨씬 더 공격적으로 다루는 모습을 보였다. 심리학자 로웰 후스만은 1977년부터 2003년까지 무려 27년간에 걸쳐 330명의 아동을 상대로 이와 같은 실험을 했고 같은 결론을 얻었다.

이런 실험에서도 알 수 있듯이 양육환경의 중요성은 아무리 강조해도 과하지 않다. 어린 시절 타인을 비난하고 판단하며 자기 신세를 한탄하고 자학하는 양육자 환경에서 자란 아이는 자신도 모르게 그런 상황을 옳음으로 받아들이고 답습하는 거다. '닮지 말아야지' 아무리 다짐해도 몸에 밴 습관은 비슷한 상황을 만나면 어김없이 나온다. 이런 습관을 고치려면 학습된 세월을 거슬러 올라가야 할 만큼 힘이 든다.

반두라는 자기 효능감(Self-Efficacy)의 개념을 발달시켰는데, 자기효능감이란 바람직한 효과를 산출하는 행동을 성공적으로 수행할 수 있다는 개인의 신념을 가리킨다. 즉 과거에 비록 부적절한 경험을 했다고 하더라도 자신이 강한 신념을 가지면 그것을 극복하고 긍정적인 변화를 가져올 수 있다고 했다. 이러한 신념이 행동으로 나타나려면 많은 고통과 어려움이 따른다. 자신의 내면과의 지루한 싸움도 감당해야 하기 때문이다.

비난은 습관이다. 비난받은 사람은 매사에 적극적이지 못하고 소심하다. 분노 섞인 행위로 진취적인 행동을 시도하지만, 곧 좌절한다. 판단은 부정적 시선에서 타인을 평가하는 것이고, 비판은 이성적 사고로 객관적 시각으로 사물을 바라보는 합리적 사고다. 판단이 아닌 비판을 하려면 무엇보다 자신의 억눌리고 불합리한 심정에 대한 올바른 인식이 있어야 한다.

비난은 트라우마와 관계하지만 비판은 옳고 그름을 향한 의식의 다툼이다. 비난이 감정에 관계한다면 비판은 이성적 판단에 관계한다. 타인을 습관적으로 비난하는 사람은 자신은 물론 주변 사람들도 모두 힘들다. 자신의 해결되지 못한 내면의 자격지심이나 상처를 불편함으로 표출하는 것은 미성숙한 사람들이 하는 행동이다. 성숙한 사람이라면 자신의 부정적 감정과 올바른 의식의 흐름을 구분할 수 있어야 한다. 정제되지 못한 채로 내던지는 감정표출은 미개한 행동이다.

> **ⓐ Tip for Woman's Heart**
>
> 부정적이고 맹목적인 비난을
> 이성적이고 합리적인 비판으로 바꿀 수 있도록 조언하라.
> 그럴 마음이 없으면 빨리 헤어져라.
> 부정적인 기운일수록 빠르게 전염된다.

여자 마음 설명서

"신상은 꼭 입어 줘야지"
○ ○
명품을 휘감는 여자

Conversation

신상 있어요?

네, 어제 들어왔어요.

그래요? 내일 갈 테니까 다른 사람한테 보여주지 마세요.

슬픔, 부족함, 난잡함 등을 자꾸만 꽁꽁 싸매고 관심을 다른 곳으로 돌려야 한다. 그냥 두면 모두 들킬 것 같은 불안함에 힘들다. 그래서 "그거 말고 이거 봐!" 하는 거다. 그것이 주는 힘은 강하다. 사람들은 속보다는 당장 보이는 밖이 더 잘 보이기 때문이다. 관심사가 외부로 향해 있는 사람일 경우에도 더욱 그렇다. 좀 더 나은 것, 좀 더 좋아 보이는 것으로 과시해야 안정되고 불안이 줄어든다. 그것이 경쟁력이고 그것만이 살길이라고 생각한다. 더 비싼 것, 더 유명한 것, 모두가 인정하지만 함부로 갖지 못하는, 그 무엇들에 마음을 쏟는 이유다. 삶은 그런 것들을 쟁취해 누릴 때 가장 의미가 있다고 생각한다. 보이지 않는 것, 드러나지 않는 것은 가치가 없다고 생각한다. 자신이 도저히 흉내낼 수 없지만, 원래 가치 있는 내면의 성숙은 고상 떠는 웃기는 행위라고 치부해버린다.

이러한 현상을 두고 미국의 성격 심리학자 머레이는 열등 회피(Infavoidance)라고 봤다. 난처한 상황에서 벗어나려 하고 다른 이의 경멸, 비웃음, 무관심을 야기할 수도 있는 상황을 피하려고 하는 심리다. 이런 사람은 실패와 두려움 때문에 행동을 억제한다. 원래 돈이 많아서 가진 것으로 누리는 것과는 좀 다른 차원의 이야기다. 없음에도 불구하고 다른 것은 몰라도 '이것은 꼭!'이라며 최고의 가치로 두는 경우다. 특히 여자들이 동창을 만날 때 평소에 끼지도 않던 다이아 반지를 꺼내는 이유도 힘에서 밀리고 싶지 않은 욕구 때문이다. 자신이 다른 친구들보다 더 행복하다는 것을 보여줄 다른 방법을 찾지 못했기 때문이다.

돈이 곧 힘이라고 믿는 유형의 사람은 가진 사람 옆에 있고 싶어 하고, 그들과 생각을 공유하며 공동체 의식을 만들고 싶어 한다. 하지만 그들 사이에서는 더욱 치열한 서열 경쟁을 한다. 허울만 있기 때문에 서로가 더 가진 것처럼 행세하고 조금만 뒤로 밀리는 것

같으면 몹시 자존심 상하고 분노한다. 인간의 욕망을 채울 수 있는 것은 어디에도 없다. 과시하는 것으로 경쟁하는 것은 어리석은 짓이다. 그것이 물질이든 심리적인 것이든 그렇다.

가졌다는 것은 못 가진 것이 있다는 말이고, 자신이 가진 것은 못 가진 것의 일부일 뿐이다. 그저 주어진 것에 감사하고 외형보다는 내실을 채우는 것에 마음을 두어야 한다. 내면의 것은 누구도 흉내낼 수 없는 고유한 자기 것이기 때문에 진정한 가치가 있다. 인간이 세상에 왔다가 가는 가장 궁극적인 의미는 참된 것에 뜻을 세우고 최선을 다해 성취하는 것에 있다. 그것이 비록 부족하더라도 그것이 인간 존재의 의미여야 한다. 그래야 그나마 조금 인간답게 사는 것일 테니까.

🔺 Tip for Woman's Heart

감당할 수 있으면 그녀의 행동이 불편할 이유는 없다.
하지만 외부가 아닌 내면에 가치를 두도록 이끌어주라.

"치마는 적성에 안 맞아"

○ ○

바지만 입는 여자

Conversation

치마 입는 걸 못 봤어. 치마도 입어?

아니.

왜?

치마는 적성에 안 맞아. 바지가 편하잖아.

애초에 치마는 학생 때 외에는 입어 보지 않았다. 치마를 입는 것은 왠지 쪽팔리는 일이다. 여자로 비치는 자신이 쑥스럽고 낯설다. 남자들 세상에서 그저 있는 듯 없는 듯 살고 싶다. 치마가 여자의 상징은 아니다. 하지만 남자들이 여자는 치마, 남자는 바지라는 규정을 만들면서 성차별은 시작됐다. 여자가 바지를 입으면 예의가 없다고 생각하는 고전적 사고를 하는 사람들은 바지를 입고 가르치는 자리에 서 있는 사람에 대해 손가락질을 해댄다. 과거에는 그 정도가 아주 심했다. 지금도 보수적인 입장에 서 있는 단체에서는 여전히 여자는 치마가 은연중에 강요된다. 여자는 치마를 입는 것이 예의이며 여성 정장이라고 하면 치마와 세트를 이룬다.

그렇게 치마는 여성의 상징이다. 여자 자신도 굵은 허벅지나 종아리 때문에 짧은 치마를 입지 못한다며 한탄한다. 예쁜 각선미를 자랑하고 싶은 거다. 미의 수준에서 얼마든지 가능한 생각이지만, 여자의 짧은 치마가 가진 의복의 역사를 살펴보면 생각이 조금 달라진다. 여자가 자신의 신체 일부를 드러내는 행위의 대상은 남자다. 여자만 사는 무인도에서는 그냥 편한 옷으로 입고 살 것이라고 상상하기 때문에 그렇다.

18세기 유럽에서 시작된 르네상스의 출현은 무엇보다도 여자의 의복의 형태를 변화시켰다. 특히 절대주의 시대에는 육체를 조화로운 전체로 보지 않고 각 부분을 나눠 그것을 하나의 '매력'으로 봤다. 유방, 옥문, 허리, 엉덩이로 구분해서 미를 판단했다. 그러한 구분은 데콜타주(Decolletage, 윗옷의 가슴이나 등을 깊게 파는 것)나 르트루스망(Retroussement, 팔이나 다리를 걷어 올리는 것)으로 평가됐다. 이전에는 관능이라는 관념 앞에서 벌거벗은 채로 서 있던 육체라면 지금은 언제나 옷을 벗으려는 상태로 서 있는 모습이다.

우리 전통 복식은 꽁꽁 싸매고 감추는 것이라면 서양 복식은 드러 내고 도드라지게 하며 보여주는 형태다. 그런 의미에서 꽉 쬐는 웃옷, 짧은 치마, 각선미가 그대로 드러나는 바지 라인은 과거의 관념이 그대로 유지된다고 볼 수 있다. 많은 남자는 여자들에게 이런 옷을 입혀놓고 '아름답다' 찬양하며 보고 즐기고 많은 여자도 그런 모습으로 남자를 유혹하는 거다. 이러한 것들을 나쁘다고 말하고 싶지는 않다. 이 문제는 누구의 잘잘못의 차원의 이야기가 아니기 때문이다. 남자는 여자에게 수컷은 암컷에게 그렇게 자신의 아름다운 모습을 자랑하고 짝을 짓고 가정을 만들고 후대를 이어가는 빌미가 되기 때문이다.

하지만 여자의 그런 외모에 반한 남자라도 자기 여자가 되면 그런 옷을 입지 못하게 한다. 자기 것을 다른 X가 구경하는 것이 싫은 거다. 여자가 아무리 짧은 치마가 편하고 더워서 몸이 드러나 보이는 옷이 좋다고 설득해도 남자들은 그런 옷을 입는 것에 찬성하지 못한다. 그 X들이 어떤 속셈으로 자기 애인을 쳐다보는지 누구보다 잘 알기 때문이다. 처음 이성을 만나 사귈 때는 아무리 불편하고 귀찮아도 짧고 예쁜 치마를 입던 여자가 그 만남이 시들해지거나 횟수가 길어져 서로 친밀해지면 자연스럽게 바지를 더 자주 입는 경우를 보면 여자의 치마는 어느 부분 남자를 향해 있다고 해도 과언이 아니다.

치마 입기를 거부하는 여자 중에는 남자들의 놀림감이나 눈요

기가 되기 싫어서라는 경우도 종종 있다. 치마 입기를 거부하는 것은 자신이 여자로 보이는 것이 불편하다는 내면의 표현이라고 볼 수 있다. 나약한 여자, 누구에게나 쉽게 보이는 여자, 만만해 보이는 여자를 거부하는 심리다. 자기 내면을 향한 분노일 수도 있다. 하지만 현대는 커리어우먼이 많다 보니 이러한 현상을 이렇게만 단정 지을 수 없는 상황이 있기도 한 것이 사실이다. 자신이 하는 일이 성격상 치마를 입기에는 부적절해서 편의상 바지를 입고 짧은 머리를 하는 경우도 있다. 이런 경우의 사람은 언제든지 치마를 입고자 하면 입을 수 있는 사람들이다. 하지만 남자들이 만들어놓은 세계에서 남자들과 함께 자신의 욕구를 채워나가기 위해서는 남자처럼 입고 남자들처럼 살아야 한다. 그들의 입장에서 그들과 함께 그들에 맞서 자신의 입장을 피력해야 하는 여자들은 다소 남성적인 성향을 따라 한다. 다소 거칠고 다소 결의에 차며 다소 대범하게 자신을 변화시킨다. 앞서 언급한 유형의 여자는 치마에 대한 강한 거부와 불쾌한 감정을 갖는 경우를 말한다.

사실 복장은 자기가 좋아하는 형태의 것으로 자기의 개성과 자기의 직업을 잘 표현하는 것이면 된다. 옷이 만들어진 의미이기도 하다. 일의 특성과 모임의 형태에 맞는 것으로 자유롭게 입으면 된다. 여자가 남자 같고 남자가 여자 같은 것은 조금 불편함을 주지만, 그가 그러함에는 그만의 이유가 있을 것이다. 현대는 다양성이 존중되는 사회다. 그래서 나 같지 않은 타인을 배려하는 마음도 필요하다. 하지만 타인의 눈살을 찌푸리게 하는 민망한 옷은 선택하기 전에 다시 한번 고려해봐야 한다. 옷이 갖는 의미로 예의도 있기 때문이다. 필요한 때에 예의를 지키는 옷은 그 사람의 보이지 않는 내면을 드러내는 아주 좋은 언어다.

▲ Tip for Woman's Heart

바지도 입을 수 있는 사람이 되려면 마음의 여유가 생겨야 한다.
옆에서 지켜봐주고 지속적인 사랑을 주면
내면의 변화가 외부의 변화를 가져올 것이다.

"글쎄요~"
○ ○
밀당을 즐기는 여자

Conversation

지난번에 잘 들어갔어요? 내일 시간 어때요?

글쎄요.

시간 되시면 영화 보실래요?

스케줄 보고 연락할게요.

간 보기다. 피곤하다. 사랑하면서 왜 신경전을 하는지 알 수가 없다. 그래서 연애를 포기하는 젊은이들도 속출한다. 바쁜 현대에서 좀처럼 보이지 않는 속내를 찾아 헤매는 것에 속이 터진다. 좋으면 좋고 싫으면 싫다, 속 시원하게 의사를 밝혀주면 좋겠다. 하지만 연애하겠다고 마음먹은 사람이라면 밀당은 기본이다. 불확실한 상황에서 마음을 준다는 것은 불안한 일이다.

서로의 말을 액면 그대로 믿지 못하는 현실이 가슴 아프지만 어쩌겠는가? 아무리 검증한다고 해도 속이는 사람이 있는 세상에서 밀당이라도 해서 보이지 않는 내면을 조금이라도 확인하고 싶은 것을 비난할 수 없다. 밀당을 잘만 이용하면 추후 벌어질 수도 있는 여러 갈등들을 미연에 방지할 수도 있으니 긍정적인 요소도 있다. 서로의 생각을 주고받는 과정에서 상대의 진심을 알아낼 수도 있고 상황에 대처하는 그 사람만의 특성을 발견할 수도 있다. 진정성은 있는지 갑작스러운 상황에 대처하는 센스나 문제요인을 대하는 지혜를 알아볼 수 있다. 이성이 얼마나 자신을 위해 헌신하고 사랑해줄 수 있는지 가늠해볼 수도 있다.

한눈에 뿅 하고 반할 만한 사람이 있으면 결혼하겠다고 말하는 사람이 종종 있다. 하지만 한눈에 반한다는 말은 너무 좋아 다른 것은 보지 못한다는 말이기도 하다. 첫눈에 반해 미래를 결정해버리면 상대가 요구하는 것을 다 들어주는 꼴이 되어 자기 가치가 감소될 수 있다. 특히 밀당에 있어서는 더 사랑하는 사람이 끌려다니는 경우가 된다. 나중에 갈등이 생기면 바로 승낙한 자신의 선택이 자꾸만 발목을 잡아 후회하게 되기도 한다.

요즘 여자들은 과거처럼 남자의 말 한마디만 믿고 생을 맡기지 않는다. 하지만 간혹 혼기에 놓였거나 주변의 잦은 권유로 앞뒤 생각할 겨를 없이 결혼하는 경우도 있다. 자신의 처지를 생각해서 남자가 주는 막연한 믿음에 자신의 신뢰까지 더해 생각을 정한다. 오직 현재의 나른하고 불편한 여러 상황에서 탈출하고 싶다는 생각은 남자를 통해 삶을 바꿔보겠다는 통 큰 야심으로 밀당 없이 인생을 걸어버리기도 한다.

문제는 상황이 바뀌면 생각도 바뀐다는 거다. 당시는 그냥 단순히 지금의 상황만 벗어날 수 있는 것만으로 충분하다고 생각했지만, 그 생각은 언제 그랬냐는 듯 과거 욕망으로 사라지고 또 다른 욕구가 생겨나는 것이다. 예상치 못한 이런 부분들이 갈등요인이 되면서 결혼을 후회하고 이성을 좀 더 신중히 선택하지 못한 것에 마음 아파한다. 간사한 것이 인간의 마음이라고 하나를 채우면 다른 하나를 더 갖고 싶은 것이 인간이다.

남자들도 마찬가지다. 여자를 두고 저울질한다. 자기가 오라고 했을 때는 오기를 원하면서도 그렇게 선뜻 오는 여자를 경계한다. 또 밀당을 하며 자신에게 맞는 남자를 고르는 여자는 선수라며 비아냥거린다. 남자들끼리도 여러 여자와 잘 사귀는 남자를 부러워하면서도 "난잡한 X!"라며 놀린다. 나 참! 어쩌란 말이냐! 이것이 연인들이 안고 있는 연애의 딜레마(Dilemma)다. 확실한 기준이 없기 때문이다. 남녀 간의 밀당은 보는 사람 관점에서 타당하기도 불합리하기도 하다. 그 해석은 지극히 자의적이며 해석자의 기분에 따라 좌우된다. 밀당 기간은 어느 정도로 할 것인지, 섹스는 몇 번이 적당한지, 이성은 몇 명이나 만날 것인지, 동거는 할 것인지, 동거 기간은 얼마가 좋은지, 동거는 몇 번이나 할 것인지 정도의 내용에 대해 나름의 기준의 정해두는 것이 좋을 것이다. 물론 개인의 성향이나 상황이 배제된 기준이니 그 점은 이해가 필요하다. 첫째 의문에 대한 제안인 '밀당 기간은 어느 정도로 하는 것이 좋을까?' 하는 문제다. 밀당이 시작되는 시기는 대부분 서로를 조금씩 알아가는 시기에 활용하는 것으로 보고, 처음 만나서 흥분 호르몬이 마구 쏟아지는 속칭 콩깍지가 심각하게 끼는 시기인 3개월에서 6개월 정도로 하는 것이 좋겠다. 이때는 콩깍지가 더 낀 사람이 약자겠지만, 최대한 마음을 추스르고 더 좋은 관계를 만드는 과정이라 생각하고 매뉴얼을 만들어 밀당을 시도하는 것이 좋을 것이다.

대략이라도 이러한 것들을 결정해두면 만남에 신중을 기할 수 있다. 만남보다 더 중요한 문제는 헤어짐이다. 이성이 서로 진정성을 갖고 관계를 만들고 유지했다면 헤어질 때도 서로 잘 조율해서 피차가 상처를 남기지 않는 선에서 마무리되어야 할 것이다. 만남보다 더 힘든 것이 헤어짐이다. 동거녀 살해 사건은 최악의 대표적 사례다.

사실 만남의 횟수를 정하고 관계의 정도를 정하는 것 자체가 오류일 수 있다. 자기한테 맞는 짝을 만나는 것은 세상에 다시 태어나는 것만큼이나 어려운 일이다. 그렇다고 손 놓고 다가오는 사람을 마냥 기다릴 수도 없는 노릇이다. 밀당하면서 관계를 만들어가는 것은 지혜로운 행동이다. 무엇보다 중요한 것은 만남을 가볍게 여겨서는 안 된다는 거다. 그렇게 상대를 대하면 상대도 결코 진정한 마음으로 다가오지 않는다. 사람을 만나는 것은 진실한 마음을 주고받는 것이어야 헤어지더라도 고마움과 안타까움으로 복을 빌어줄 수 있다.

비단 남녀의 문제만 그런 것은 아니다. 대인관계에서도 타인을 대하는 태도가 그러해야 한다. 타인의 마음을 소중하게 생각하지 않으며 쉽게 만나고 함부로 마음을 이용하고 버리는 사람과는 빨리 헤어지는 것이 좋다. 결국 상처만 남을 것이다. 자신의 마음을 함부로 쓰는 사람은 결코 소중한 사람을 얻을 수 없다. 삶은 한 번뿐인 기회다.

⚠ Tip for Woman's Heart

부정적 의미가 있는 행동도 늘 나쁜 것은 아니다.
서로를 알아가는 과정이라 생각하고 진심을 보여주라.
사람을 만난다는 것은 일생일대의 중차대한 선택이다.
한 사람을 만난다는 것은 그 사람의 역사와 만나는 것이다.

여자 마음 **설명서**

"나는 네 거야!"

○ ○

다 주는 여자

Conversation

식사했어요?

아직이요.

제가 김밥 쌌는데 갖다 드릴게요.

괜찮아요.

아니요. 제가 그쪽으로 나갈 일이 있어요.
잠깐 들를게요.

그만큼 외로운 거다. 다 준다는 것은 다 받고 싶다는 반증이다.
'아니야. 괜찮아. 가만히 있어. 내가 다 해줄게'라며 시작한 일들이다. 하지만 세월이 흘러 어느 날 생각한다. '아무리 내가 다 해준다고 했어도 그렇지 너무한다'라는 생각이 드는 날이면 화가 치민다. '뭐지? 이건 아니지!' 싶으면 본전 생각이 난다. 이대로 쭉 다 해줄까 말까 고민에 빠진다. 그러다가도 만나면 자기도 모르게 또 뭔가를 하고 있다. 자신도 이해 불가다.

주는 것도 습관이고 받는 것도 습관이다. 다 줄 때는 다 받을 생각을 해서는 안 된다. 그런데 사람이 어디 그런가? 대중가요에 몸도 마음도 다 줬는데도 떠나가는 임을 향해 야속하다 울부짖는 가사가 있다. 모두가 내 마음 같을 순 없지만 내심 기대하는 것이 사람이다. 또 다 준다고 해서 다 좋은 것도 아니다. 주는 사람도 받는 사람도 같은 정도의 마음일 때 가장 좋다. 넘치게 주면 받는 사람도 그만큼 부담스럽다.

마음에 드는 사람에게 모든 것을 다 주는 이런 성향의 사람은 호나이가 말하는 애정과 인정의 욕구가 강한 사람이라고 볼 수 있다. 이런 사람은 상대에 대한 고려 없이 애정과 인정을 위한 강한 욕구를 보인다. 타인의 비판이나 관심에 매우 민감하기 때문에 건전한 관계를 형성하기 어렵다. 스스로 자처해서 다 주고 나서는 그에 걸맞은 반응이 없을 때는 그 대상을 비난한다. 그런 경험들로 사람들은 타인의 이유 없는 배려에 대해 잣대를 들이대는 거다. '주는데 왜 그러지? 줘도 싫은 거야?' 생각하겠지만 받을 만해서 받는 것이 아니면 뇌물이 되거나 올가미가 되기 때문에 불편한 것이다.

여자가 남자에게 몸을 허락하는 일은 특히 신중히 해야 한다. 몸을 허락하는 그 순간에는 모든 것을 다 줄 수 있어서 기꺼이 허락했다지만 결과가 원하는 대로 흘러가지 않을 때가 문제다. 여자가 준 것은 마음인데 남자는 육체만 받았을 수 있다. 하룻밤을 같이 지낸 연인들이 자주 느끼는 감정이다. 서로 잘 알지 못하는 상황에서 술기운에 하룻밤을 지냈을 때 대부분의 남자는 그 행위에 대해 큰 의미를 갖지 않는다. 하룻밤 놀이로 생각하고 잊어버린다.

하지만 간혹 어떤 여자들은 시간이 지날수록 혹시 그 남자가 자기를 정말 사랑해서 섹스를 요구한 것은 아닐까 하는 생각에 자꾸만 그 감정에 몰입되는 경우가 있다. 그럴 때 여자가 남자의 단순한 감정을 확인하게 되면 몸을 준 것에 대해 더러운 느낌을 갖게 되고 스스로 상처를 만들면서 상대를 원망하게 된다.

사랑할 때처럼 사랑하고 있을 때처럼 아름다운 마음으로 준 것이라면 아름다운 나눔이었다 생각하고 헤어져도 그런 마음이 상처받지 않도록 빨리 감정을 정리해야 한다. 사랑하는 그 순간은 진실이었다는 노래 가사처럼 그렇게 진실한 사랑을 나누었다면 상대가 어떤 상황으로 있든 상관하지 말고 자신을 다독여야 한다. 힘들겠지만.

상처는 받는 것이 아니라 드러남이다. 자신의 이루지 못한 소망을 상대가 이뤄주지 못하면 타인을 원망하고 비난한다. 하지만 누구도 그런 소망을 키워주지 않았고 허락하지 않았다. 다만 자신의 소망을 이뤄줄 것이라는 막연한 기대가 만들어낸 환상이다. 일부 여자들은 이런 불편한 감정을 키워서 성폭행을 당했다며 상대를 고소하거나 금품을 요구해서 한몫을 챙기려 들기도 한다. 여자의 인권을 보호하기 위해 제정한 성폭력금지법을 악용하는 비겁한 여자는 되지 말아야 한다.

요즘에는 부모도 가진 재산을 자식에게 다 주지 말아야 한다는 세상이다. 계산 없이 자신의 것을 나눠 갖는 것보다 더 아름다운 일은 없지만, 세상은 순수한 열정을 저울질하고 계산하고 이용하는 사람들이 늘어나는 것이 사실이다. 슬픈 일이다. 어찌 됐든 다 주는 것이 좋은 것은 아니다. 과유불급이라고 했다. 가장 이상적인 나눔은 상대가 원하는 것을 주는 것이다. 일방적인 나눔은 또 하나의 폭력이다. 피차가 서로에게 부담 없는 나눔, 부담 없는 사랑을 하도록 노력해야 한다. 그래야 덜 아플 테니까.

에리히 프롬은 진정한 사랑은 타인을 성장시키는 것이라고 했다. 성장에는 무조건으로 나 주는 것만이 상책이 아니다. '적당히'라는 전제를 포함하고 있다. 지켜봐주고 믿어주고 그러한 결과로 타인이 성장할 수 있었다면 그것으로 만족하고 추후 돌아오지 않는 보상에 대해서는 개의치 않을 수 있다면 그것이 참된 사랑이다. 그 사랑은 그만큼의 인연이었다고 생각하고 빨리 잊는 것이 좋다. 주어도 성장하지 못하는 베풂이라면 독이 되니 중단해야 한다.

성장시키는 사랑이란 자기가 원하는 모습이 아니라 그가 원하고 희망하는 긍정적인 방향으로 변화될 수 있도록 도와주는 것을 말한다. 사랑은 그렇게 서로를 격려하고 힘을 북돋아주며 손잡아주는 것일 때 가장 아름답다.

⚠ Tip for Woman's Heart

다 받은 만큼 다 주라.
그럴 자신이 없으면
여자의 마음이 다치지 않도록 잘 조절해 주고받아라.
그것이 안 되면 빨리 헤어져라.
다 주는 것을 알면서 방치하면 그것은 범죄행위다.

여자 마음 **설명서**

"절대 말하면 안 돼"
○ ○
입이 가벼운 여자

Conversation 🔺🔻

🔺 말하지 말라고 했는데, 자기한테만 말하는 거야.

뭔데? 🔻

🔺 나랑 같이 일하는 여자 알지? 그 여자 이혼녀래.

할 일이 없어서 그런다. 아니 할 일이 있어도 그 어떤 일보다 타인의 비밀스러운 정보를 알아내는 것은 정말 재미있다. 남의 말을 함부로 하면 안 된다는 것도 안다. 하지만 알아낸 비밀을 그냥 속에 담고 있기에는 입이 간지러워 살 수가 없다. 이런 은밀한 사건을 혼자만 안다는 것은 타인을 위한 배려가 아니다. 그가 누구든 무조건 잡아 앉혀 놓고 폭로해야 직성이 풀린다. 자신에게 들어온 정보는 최대한 빨리 밖으로 배출해야 다른 일을 할 수 있다. 이런 사람은 각종 모임에 반드시 참여하고 가능한 한 오래도록 그곳에 머물며 타인의 이야기에 귀를 기울인다. 궁금한 것이 있으면 굳이 불러내어 찻값을 물더라도 알아내야 잠이 온다. 왜 그랬을까? 무슨 일일까? 끊임없는 의문 때문에 손에 일이 잡히지 않는다. 이런 사람을 주변에서는 소식통이라며 부추기고 실제로 많은 사람이 이 사람을 통해 소식을 전해 듣는다.

머레이가 욕구 목록으로 분류한 과시(Exhibition)다. 다른 이들을 흥분시키고 놀라게 하고 충격을 주어 호기심을 자극한 후, 자신에게 시선을 집중시켜 자기편으로 끌어들이고 싶은 욕구 때문이다. 그러려면 우선 사람을 만나야 하고 말을 해야 한다. 가장 크게 공감해줄 사람을 물색한 후 그 사람과 수다 떨기 위해 몸도 마음도 바쁘다. 전화로 1시간을 이야기하다가도 직성이 덜 풀리면 당장 만나서 처음부터 다시 속이 시원해질 때까지 이야기한다. 상대가 도마 위에 오른 사람을 알든 모르든 그것도 별로 중요하지 않다. 그냥 누구를 씹을 수 있으면 된다. 실컷 떠들고 한바탕 욕하고 목청껏 웃어 젖히면 그것으로 충분하다. 그것이 모두가 비난하는 누구누구의 불륜 사건이면 더욱 카타르시스를 느낀다. 유유상종이다. 불러주지 않아도 갈 곳도 많고 알아주지 않아도 친구가 많다. 미워할 수도 사랑할 수도 없는 여자다. 그녀와 자리를 같이하며 동조하고 공감했던 사람도 그녀를 욕하며 경계한다.

중요한 것은 자신을 하찮은 사람으로 본다는 사실을 본인만 모른다. "어떻게 알았어? 너 대단하다. 누구한테 들은 거야? 정말이야?"라는 반응은 자신의 존재 가치가 우뚝 서는 것 같은 착각에 빠지게 한다. 자신이 던진 비밀이 일파만파 퍼져나가 자신에게 다시 돌아올 때의 짜릿함은 세상을 정복한 것 같은 희열을 느낀다. 인정받고 싶은 욕구다. 다른 것으로는 자기 존재를 인정받을 수 없다고 생각한다. 혹시라도 선행하게 되면 자기 입으로라도 나발을 불어야 한다. 오른손이 하는 일을 왼손이 모르게 하는 것은 말도 안 되는 이론이다. 이런 일들로 아무리 질책을 받아도 끊임없이 반복한다. 남의 이야기를 하지 않고 있을 때는 그 누구도 자신을 찾아주지 않고 인정해주지 않기 때문에 그만둘 수가 없다. 불쌍한 사람이다.

낮은 자존감을 올리는 방법은 타인을 비방하고 짓밟으면서 가능한 일이 아니다. 자존감은 타인을 배려하고 존중하는 마음을 통해서 진정한 가치를 얻는다. 타인의 비밀을 폭로하는 사람과 가까이하지 말아야 한다. 그 사람은 반드시 당신의 비밀도 폭로할 것이기 때문이다. 자기 계발에 열중하는 사람은 타인을 비난할 시간이 없다. 그런 사람은 타인의 성실함을 통해 자기 발전의 기회로 삼고 열심히 배우고 실천하는 사람이다. 조금만 주의를 기울이면 상대가 긍정적인 사람인지 부정적인 사람인지, 타인의 말을 하고 싶어 하는 사람인지, 아니면 정말 걱정하는 심경에서 그 사람을 아는 사람들끼리 개선 방안을 조율하고자 꺼내놓은 화제인지 알 수 있다. 하지만 어찌 됐든 당사자가 없는 상태에서 나누는 평가는 일방적일 확률이 높다. 누구도 그 사람의 형편을 제대로 알 수 없기 때문이다.

보이는 모습으로만 그 사람을 판단하는 것은 위험한 일이다. 알고 보면 이해 못 할 일도 이해 안 되는 일도 거의 없다. 타인의 잘잘못을 잘 판단할 줄 아는 사람은 그만큼 인간 삶의 옳고 그름을 잘 구분할 줄 아는 사람이다. 무엇이 옳은지 그른지를 구분 못 하는 사람도 있으니 장점이라고 할 수 있다. 그런 능력으로 타인을 비난하기보다는 그 사람의 마음을 읽어주고 이해해주고 인정해주려는 마음을 갖는 것이 올바르게 사는 거다. 그것이 세상을 아름답게 만들어가고자 하는 사람들이 할 몫이다.

⚠ **Tip for Woman's Heart**

타인의 비밀을 폭로할 때는 그 자리를 피하라.
습관이 되지 않도록 강한 부정으로 제압하고
자기 존재를 확인할 수 있는 긍정적인 일을 찾도록 도와주라.

"남자 없이 못 살아"

○ ○

남자에 집착하는 여자

Conversation

요즘 만나는 남자 있어?

응.

지난번 남자는 아니지?

2달 됐어. 좀 빠른 것 같지만, 난 남자 없으면 허전해.

남자는 선망의 대상이다. 일찍이 프로이트는 남근 선망(Penis Envy)을 주창했다. 여자에게는 없는 것을 가진 남자는 여자의 영원한 로망이다. 여자는 자신의 나약함이나 부족함의 원천이 남근에서 비롯됐다고 생각하면서 남자를 향한 엘렉트라 콤플렉스적 성향을 갖게 됐다고 봤다. 여러 가지 이유로 일찍이 아버지가 없었을 경우나 함께 있었지만 아버지의 사랑을 충분히 받지 못한 여자일수록 남자에 대한 강한 집착을 보인다. 가슴에 남는 외로움은 다른 것으로 채울 수 없다.

남자를 보면서 아버지를 그리워하는 마음이 싹트고 그 남자의 자상함은 더욱 강한 애정으로 강화된다. 스스로 아무리 그 강도를 조율하려고 해도 마음은 생각처럼 움직여지지 않고 자석처럼 그 남자를 향해 돌진한다. 사랑이라는 이름으로 그 남자의 전부가 되고 싶지만 그럴수록 남자가 자신을 멀리하는 것을 직감한다. 가슴 아프고 서러워서 숱한 날을 울며 자신을 다독이지만 그것도 그때뿐. 끌리는 남자를 보면 다시 가슴이 뛰고 자기도 모르게 자석에 끌려가는 쇠붙이처럼 몸과 마음은 따로 논다.

남자는 여자가 전부가 아니다. 더 냉정히 말하면 필요할 때 변함없이 옆에 있는 여자가 최고다. 똑똑한 여자, 잘나가는 여자보다 말 잘 듣는 여자를 더 좋아한다. 그런 여자가 자꾸만 자신의 일을 방해하고 자신만 봐달라고 챙겨달라며 투정 부리고 삐지면 머리 아프다. 집착! 그것은 참으로 견디기 힘든 족쇄다. 남자든 여자든 그렇다. 자신의 마음을 조절하지 못하고 흐르는 대로 방치하고 상대의 마음과 상관없이 행동한다면 그것도 죄다.

애착을 덜 하는 방법은 애착의 대상을 바꾸는 것이다. 그것이 공부일 수도 있고, 일일 수도 있고, 취미일 수도 있다. 집착은 또 다른 집착을 만들어내지만 그것이 사람이 아니라면 전공자가 될 수도 있고 장인이 될 수도 있다. 그런 기능은 사회적으로 인정받을 것이고 자연스럽게 자존감이 올라갈 것이다. 이것이 프로이트가 제안한 승화다. 이런 방법은 한곳에 쏠리는 생각과 감정을 분산시키는 데는 유용하다.

사랑은 잡는다고 잡히는 것이 아니다. 서로 이끌려 함께 조화를 이룰 때 사랑은 성립된다. 아버지의 부재가 주는 허전함은 오직 여자 자신의 문제일 뿐이다. 자신의 채워지지 않는 욕구를 남자를 통해 해소하려고 할수록 원하는 남자는 멀리 달아난다. 이런 마음이 커지면 부정 망상(Delusion of Infidelity, 부인 또는 남편이 상대방의 정조를 의심하는 망상성 장애의 하나) 중의 하나인 속칭 의부증으로까지 확대될 수 있다.

사랑은 의식적으로라도 적당한 거리를 유지할 필요가 있다. 가까운 사이일수록 예의를 지키라는 말이 있다. 적당한 거리에서 자신의 내면을 가꾸고 발전하는 모습을 보인다면 사랑은 거기서 변함없이 있을 것이다. 지금 하는 행동이 타당성을 가진지 여부를 살피는 것은 곧 자신을 지키는 것이고 타인을 자기 곁에 붙잡아둘 수 있는 길이다. 언제나 자존감을 지킬 수 있어야 한다. 여자는 비싸 보일 때 가치 있어 보인다. 비싼 여자, 내면이 충실한 여자, 함부로 할 수 없는 여자일 때 비로소 멋진 남자가 곁에 머문다. 남자가 그런 가치로 있어서 여자 옆에 있듯이.

여자 마음 **설명서**

"청소해놔!"
○ ○
오더 내리는 여자

Conversation

당신 오늘 집에 있을 거지? 설거지랑 청소기 좀 돌려놔.

참, 밥도 좀 해놔.

오죽하면 그럴까! 가만두면 아무것도 하지 않아서 그렇다. 하지만 명령 듣기 좋아하는 사람은 없다. 하려고 하던 일도 그만두는 것이 사람 마음이다. 간혹 시키는 것만 하는 사람이 있지만 그런 사람은 관심이 다른 곳에 있어서 그냥 하기 싫은 거다. 더욱이 여자의 명령에 기분 좋아할 남자는 없다. 남자들이란 본시 군림하고

자 하는 속성이 있어서 거칠고 다루기 힘든 성향의 여자는 불편해한다. 그렇게 권력을 휘두르듯 뭔가를 시키거나 주문하는 것이 아니라, 애교 만발 섞어가며 콧소리 내는 간지러운 오더는 가끔 남자의 즐거움이 되기도 한다. 하지만 남자가 못 이기는 척 받아주는 데는 또 다른 보상을 기대하는 선심일 수도 있다. 오더도 먹혀야 가능하다. 아무리 애교 아니라 애교 할아비를 해도 안 먹히면 못 한다.

아들러는 출생순위에 따라 성격 특징을 구분했다. 그중에 명령하는 성향은 첫째이거나 막내, 혹은 독자들에게서 흔히 나타나는 특성으로 보고 있다. 집에서 부모의 모든 사랑을 독차지했던 첫째는 동생이 태어나면서 빼앗긴 그 자리를 되찾으려는 심리가 있다. 빼앗긴 위치에 대한 불만 때문에 언행이 다소 거칠고 권위적이다. 막내는 의존성이 강하지만 자기 위에 있는 형들의 권위에 눌려 어떻게 하면 원하는 것을 얻을 수 있는지 방법을 터득한 상태다. 비교적 애교나 비음 섞인 언행을 할 확률이 높다. 독자가 좀 더 막무가내로 원하는 것을 요구하는데, 자신이 관심의 중심이라는 생각 때문이다. 하지만 내면적으로는 소심하고 의존적 경향이 강하다.

이렇듯 오더를 내리는 여자의 성향은 각기 다르다. 남자 입장에서 볼 때 자신의 여자가 어떤 오더를 내리든 그 응석을 잘 받아줄 수 있으면 별문제가 없다. 그렇지 않고 같은 서열 위치에 있는 상대를 만난다면, 다행히 동병상련하는 마음으로 잘 맞을 수도 있고 더 이해를 안 해줄 수도 있다. 그렇다면 차라리 그런 마음을 어느 정도 이해해줄 수 있는 중간 서열의 이성을 만나는 것이 좋을 것이다. 아들러의 이론을 수렴한다면 더욱 그렇다. 예외 경우는 얼마든지 있다. 꼭 이런 심리적 요인 때문만이 아니라 거기에 더해 자신이 처한 환경 때문에 더욱 강한 행동을 할 수도 있다. 중간이지만 첫째가 맏이 노릇을 못 할 경우, 둘째나 셋째가 그 위치에서 무엇이든 해결해야 했다면 서열과 상관없이 강하고 다소 독선적이며 명령조의 성향일 수 있다. 어디까지나 확률적 지론일 뿐이다.

중요한 것은 교육이다. 교육의 궁극적인 목적이 자기 내면의 트라우마를 승화시켜 보편적이고 의지적인 인간상을 만드는 데 있다. 자기 내면의 트라우마로, 특히 배우자에게 자신의 역할을 떠넘기거나 원하는 것을 강제로 요구하는 것은 곤란하다. 사람마다 다 자기 역할이 있으니 강제가 아닌 '함께'라는 의식을 만들어갈 필요가 있다. 이상적인 관계는 그렇게 그 무엇을 함께 만들어가는 과정에 놓인 상태다.

유가 철학에 보면 자기가 원하지 않는 것을 타인에게 행하지 말라는 말이 있다. 그 사람이 누구든 손위든 손아래든 애인이든 남편이든 부모든 친구든 또 그 누구든지 간에 자기가 하기 싫고 불편한 것을 타인에게 요구해서는 안 된다. 그렇게라도 도움을 받아야 한다면 정중히 부탁하는 것이 좋다.

"나 어쩌지? 이 물건, 저기 선반에 올려야 하는데 너무 무거워. 도와줄 수 있어?" 혹은 "자기야 바빠? 부탁이 있는데 도와줄 수 있어?" 이렇게 명령하지 않고 부탁하면 남자들도 흔쾌히 들어줄 것이다. 남자에게 원하는 것을 얻어내려면 그렇게 해야 한다.

⚠ **Tip for Woman's Heart**

막무가내 명령이 아니라면 적절한 조율이 필요하다.
살아온 환경에서 만들어진 습관이라면
이제는 그 방법이 먹히지 않는다는 것을 확실히 알려주라.
제일 좋은 방법은 오더받기 전에
자기 일은 스스로 알아서 처리하는 것이 최선이다.

여자 마음 **설명서**

"고쳐야 산다"
○ ○
성형중독인 여자

Conversation ▲▼

▲ 턱뼈는 고쳤고, 코도 했으니까, 이제 앞트임 할 거야.

앞트임 안 해도 눈 커. 뭐하러 트임을 해? ▼

▲ 코가 높아졌으니까 비율상 눈도 커져야지.

성형의 문제는 단순히 얼굴을 고쳐서 예뻐지고 싶어 하는 여자의 심리만을 다루기에는 사회적 자극 요인이 많다. 어쩌면 가장 근본적인 문제는 사회적 인식이다. 세상이 그녀들을 그렇게 평가하고 원하기 때문에 어쩔 수 없다는 논리다. 이왕이면 예쁜 여자, 이왕이면 날씬한 여자를 사회가 요구하고 있다. 좋다, 나쁘다, 예쁘다,

못생겼다, 길다, 짧다 등등으로 그 무엇인가를 평가하고 규정짓기를 좋아하는 것은 인간 심리다. 지금보다 더 나은 어떤 것을 향해 노력하도록 동기부여 하기에 비교심리는 긍정적 의미도 있다. 지나친 것이 문제다. 중도를 지키는 것이 얼마나 어려운지, 세상 어려운 것이 적당히 사는 거다. 특히 여자에게 아름다움을 향한 열망에 '적당히'는 없다. 결코 포기할 수 없는 욕망이다. 사실 예뻐야 한다는 당위성은 여자가 부여하지 않았다. 평가는 언제나 상대적이기 때문이다. 힘세고 멋지고 돈 많은 남자가 언제나 예쁜 여자를 선택했다. 많은 여자 중에 그 남자의 여자가 되기 위해서 치열히 경쟁했다. 이 쟁탈전은 단순히 예쁨을 인정받고자 하는 것을 넘어 자신의 미래를 안정되게 보장받느냐 하는 문제와 결부된 싸움이다. 사실 20세기 말까지만 해도 예쁜 얼굴에 대한 이미지가 좋지 않았다. '얼굴 예뻐 봐야 얼굴값만 한다'며 예쁜 얼굴은 특정인들이나 신경 쓰는 부분이었다. 그런데 현대에는 예쁜 얼굴에 대한 인식이 보편화 됐다. 이런 인식에 기름을 부은 것은 예뻐도 너무 예쁜 연예인들의 성형시술에 대한 커밍아웃이었다. 자신도 성형시술을 받으면 연예인처럼 되고 시집도 잘 갈 것이라는 희망은 성형시술업계에 날개를 달아 주면서 우리나라를 순식간에 성형시술의 천국으로 만들어버렸다. 젊은 사람들 사이에서는 예쁘지 않은 여자를 두고 "예의가 없다"라는 말도 한다. 미에 대한 갈망이 사회적 요구로 있다는 통계까지 나오면서 고치는 것이 예의인 수준까지 이른 것이다. 이왕이면 예쁘고 날씬한 여자를 친구로 둔 남자는 남자들 사이에서도 돋보이는 게 사실이다. "야, 저 여자 어떻게 만난 거야? 예쁜데!"라며 자신도 좀 소개해달라며 조르고 남자는 으스대게 된다. 반대로 외모가 비교 대상에서 좀 떨어지면 "어디가 좋아?"라는 식으로 바뀌면서 왜 사귀냐는 식의 부정적 메시지를 던진다. 괜스레 남자는 기가 죽고 애써 얼굴은 좀 덜 예쁘지만 선택할 수밖에 없었던 더 나은 이유를 나열하지만 잘 안 먹힌다. 외모가 경쟁력이라는 슬로건이 인정을 받는 사회에 살고 있기 때문이다. 남자들도 비비크림을 바르고 향수를 뿌리는 것이 익숙해진 세상이다. 여자들만큼은 아니지만 남자들도 성형외과를 찾는 인구가 점점 늘어나는 추세다. 사회 또한 남자들의 그런 모습을 두고 자신을 가꾸며 최선을 다해 사회에 적응해가는 멋진 남성상으로 조명하고 있다. 이러니 여자는 오죽하겠는가! 문제는 불행하게도 인간이 사회 시스템 속에서 또 하나의 부속품이 되거나 심하게는 장식품으로 전락해버린 부분도 없지 않다는 거다. 회사의 영업사원들도 예쁘고 잘생긴 사람들로 채용해서 이미지 전략에 활용한다. 각종 교육이나 컨설팅에 이들의 미모는 적극 활용된다. 반대로 그렇지 못한 사람들은 고객과 접촉이 없는 곳에 배치해 창고를 정리하게 하고 잡다한 내부 업무를 보게 한다. 그 사람의 업무 능력이나 심리적 특성을 고려한 직무적 합성적 배정이 아니라 우선 보여지는 외모로 직무를 배정하는 것이다. 물론 그 일을 하고자 지원하는 경우도 있겠지만 특정 업무에 대한 배정 없이 입사시킨 경우 외모를 고려한 차별이 이뤄지고 있는 것이 현실이다. 인성과 실력이 인정받는 세상이 되지 않고서는 성형중독자는 없어지지 않을 것이다. 연애를 해도 그 사람의 내면을 먼저 보고, 취직을 해도 그 사람의 직무능력을 우선시하고, 관계를 맺어도 사람됨을 먼저 따지는 내면이 충실한 사람, 내실이 있는 사회가 되어야 한다. 성형중독은 자기 내면의 결핍이 불러온 불편한 결과이기도 하지만 분명 사회인식이 만들어낸 국가적 범죄행위다.

⚠ **Tip for Woman's Heart**

자존감이 필요하다.
충분히 사랑받고 있다고 생각하도록 사랑해주라.
그러면 이 병은 생각보다 쉽게 사라진다.

"하하하"
○ ○
조증에 걸린 여자

Conversation

민지 씨, 이거 맞게 한 거야? 좀 이상한데.

앗! 실수했어요. 헤헤헤.

민지 씨는 혼내려면 웃어버리니까 혼을 못 내겠어.
다음부터는 좀 조심해.

과유불급이다. 조증(조급하게 구는 성질, Mania : 조광증)도 그렇다. 서울대 의대 최현석 교수의 해석에 따르면 조증은 기분이 비정상적으로 들떠 병적일 정도로 행복감에 심취해 있는 상태를 말한다. 조증이 있는 사람은 언젠가는 우울증에 빠지게 되는 조울병의 일종이라 판단하고 있다. 말이 많아지고 사고가 빨리 진행되어 한 주제에서 다른 주제로 신속하게 바뀌고 아이디어가 매우 풍부해진다. 의욕에 차 있어 목표 지향적인 활동이 증가하고 대인관계가 지나치게 좋아져서 시도 때도 없이 친구들이나 가족에게 마구 전화를 해댄다. 또 에너지가 넘쳐서 잠도 자지 않고 일에 몰두하기도 하며 행복감에 심취해 있어 자기가 하는 일의 부정적인 측면을 전혀 보지 못한다. 이런 상태에서 자기 인생에 대한 만족도를 조사하면 10점 만점에 10점으로 답한다고 한다.

　문제는 이런 현상이 대부분 울증으로 변한다는 거다. 느닷없이 화를 내거나 난폭한 행동을 보이기도 하고 환각이나 망상과 같은 정신병적 증상이 나타나기도 해서 결국 일상적인 생활이 불가능해질 수 있다. 상태가 이 지경에 이르면 치료를 받아야 한다. 이 정도는 아니더라도 많은 사람이 경조증 정도의 경험을 한다. 특히 성공한 사업가 중에는 이런 사람들이 좀 있다. 이러한 조증이 목표를 달성할 수 있도록 일정 부분 역할을 했을 것이다. 하지만 무엇이든 과해서 좋을 것은 없다. 경조증 정도는 아니더라도 다른 사람에 비해 좀 더 잘 웃고 우는 경우라면 방어기제(Defense Mechanism, 자아가 위협받는 상황에서 무의식적으로 자신을 속이거나 상황을 다르게 해석해 감정적 상처로부터 자신을 보호하는 심리 의식이나 행위를 가리키는 정신분석용어)적 행동으로 추측해볼 수 있다. 자기가 생각해도 조금 민망하거나 다소 억지스러운 행동을 하게 됐을 때, 그 모습을 보고 혹시라도 상대가 비난하지 않을까 하는 생각에 웃음으로 방어하는 심리현상으로 볼 수 있다.

방어기제는 모든 사람에게서 다양한 모습으로 발동한다. 방어기제를 쓴다고 다 잘못된 것도 아니다. 방어기제가 긍정적인 영향을 끼치는 경우도 있다. 예를 들면 자격지심 때문에 대인관계가 힘들었던 사람이 자기가 잘할 수 있는 일을 해냄으로써 사람들에게 인정을 받고 더는 타인의 시선에 대해 크게 신경 쓰지 않을 수 있게 됐다면, 대인기피라는 방어기제가 결국 자기 성취라는 결과로 승화됐다고 볼 수 있기 때문이다. 어쩌면 인간은 자신의 트라우마로 형성된 방어기제를 발동하고 또 그 방어기제를 줄여나가는 과정으로 삶을 만들어가는 것이라고 볼 수 있다. 트라우마는 인간이면 모두에게 있다. 그 트라우마가 약하거나 강하게 나타날 뿐이다. 그런 트라우마는 인간에게 자기 발전을 위한 중요한 동기가 된다. 마치 스스로가 자신에게 너무 만족스러워서 더 이상의 노력을 하지 않고 그저 있는 것을 소비하기만 하는 형태로 있다면 그 어떤 발전도 기대할 수 없을 것이기 때문이다.

하지만 넘치는 것은 미치지 못함과 같다고 했으니 웃을 만한 일에 웃고 화낼 일이 있을 때는 당당하게 화낼 줄 아는 사람이 건강한 사람이다. 좋은 사람이 되어야 한다는 착한 사람 신드롬은 자신은 물론 타인도 불편하게 할 수 있다. 때로는 생각 없는 사람으로 보일 수 있다. 모든 사람에게 다 잘할 수는 없는 노릇이며, 다 잘할 필요도 없다. 이해관계자에게만 신경 써도 다 감당할 수 없기 때문이다. 그런 사람을 향한 타인의 평가 또한 늘 긍정적이지만은 않다는 사실을 알아야 한다. 멋진 사람은 착한 사람이 아니라 좋은 사람이다. 착한 사람은 자기가 없는 사람이지만 좋은 사람은 자기라는 주체를 가지고도 타인을 위해서 배려해주고 약간의 손실도 감내할 수 있는 사람이다.

⚠ Tip for Woman's Heart

자존감이 필요하다.
충분히 사랑받고 있다고 생각하도록 사랑해주라.
그러면 이 병은 생각보다 쉽게 사라진다.

"먹어야 돼"
○ ○
과식하는 여자

Conversation

▲   밥은 적으면 두 공기, 보통 세 공기가 기본이지.

그래? 언니는 밥 세 공기에 국도 국물까지 모두 먹잖아요. ▲

▲   당연하지. 그렇게 먹어도 늘 배고파. 밥 먹고 커피 마시자.
조각 케이크도 입가심으로 먹어야겠어.

    욕구 불만 행위다. 먹어야 산다. 인간은 먹는 행위를 통해 신체가 유지되므로 먹어야 산다. 이렇게 지극히 근본적이고 상식적인 이유로 현대는 먹거리 천국인 것 같다. 각종 패스트푸드들은 종류를 다 헤아리지 못할 만큼 다양하다. 돈만 있으면 수많은 종류의 음식들을 움직이지 않고도 평생 배불리 먹을 수 있다. 현재 우리나라에서 영업 중인 배달 치킨 프랜차이즈가 100가지 종류가 넘고, 거대 패스트푸드점이 배달을 시작하면서 배달 음식의 20% 이상의 실적을 올리고 있다고 한다. 최근에는 할인 이벤트를 하는 각종 배달 앱이 생겨나면서 먹는 행위를 부추기고 있다.

외국인들은 한국에만 있는 배달 문화에도 놀라지만 배달되고 있는 음식의 종류에 두 번 놀란다. 집밥을 고집하는 사람은 귀찮아서라도 굶는 경우가 있는데 각종 음식이 배달되다 보니 굶지 않고 먹는 경우도 늘어나서 위장을 쉬게 하지 않는다. 배달 음식은 주로 기름지고 달고 맵고 짠 자극적인 음식이다 보니 끊임없이 식욕을 자극해서 그 유혹을 떨쳐버리기가 정말 어렵다. 아직도 굶어 죽는 나라가 있는 지경에 국민의 많은 사람이 비만으로 고민하는 나라도 있으니 참으로 격세지감이다. 먹는다는 것은 인간의 쾌락 중에 상당히 많은 비중을 차지하는 인간 본능이다.

이러한 사람의 심리상태를 보고 프로이트는 심리성적 발달단계의 특징 중에서 구강기에 보여지는 특징들을 제안했다. 유아는 출생해서 1세까지에 해당하는 시기에 입을 통해 빨고 먹고 깨무는 행위를 보인다. 이 행위를 통해 아기는 긴장감을 해소하고 쾌락을 경험한다. 이 기간에 아이에게 보이는 어머니의 태도에 따라 유아는 구강 수용적 행동과 구강 공격적 행동을 보인다. 유아로서 구강 욕구가 지나치게 만족되면 지나치게 낙관적이거나 의존적인 성격이 되고(성격 수용적 행동, Oral Receptive Behavior), 반대로 욕구가 지나치게 부정되거나 거절되면 비관론, 적의성, 공격성(구강 공격적 행동, Oral Aggressive Behavior)을 보인다는 거다. 이런 프로이트의 주장대로라면 과식하는 행위는 구강 공격적 행동이라고 볼 수 있다. 리비도(Libido)가 입에 집중되어서 과도한 스트레스나 불만족스러운 욕구를 먹는 것으로 해소하는 거다.

즉 자신의 몸에 공격을 가하는 것이다. 남자친구와 헤어지면 그 과도한 스트레스를 먹는 것으로 푸는 행위를 보인다거나, 하던 일이 잘 풀리지 않거나 타인에게 인신공격에 가까운 스트레스를 받으면 미친 듯이 먹어 치우며 쌓인 감정을 푸는 경우를 종종 볼 수 있다. 폭식이나 과식을 하는 사람들은 지속적으로 자신의 몸에 공격을 감행하는 거다. 많이 먹음으로 장기를 피곤하게 하고, 배가 불러 거동이 부자유스러워지면서 육체를 힘들게 한다. 과도한 음식물로 위가 팽창되면서 소화력이 급격히 떨어져 고통스럽게 되는데, 이는 자신의 육체를 통해 정신적인 스트레스를 푸는 거다. 일종의 자학이다. 구강 공격적 행동에서 보여지는 비관론, 적의성, 공격성이다. 하지만 이러한 자학이 잠깐의 심리적 위안은 될지 모르지만, 궁극적인 해결책이 되지는 못한다는 것을 본인도 안다. 그런데도 먹는 행위를 버리지 못하고 지속해서 육체에 고통을 가하는 것은 다른 해소 방법을 찾지 못했기 때문이다. 최근 해외토픽에서 일부의 사람들이 지속적인 폭식으로 움직일 수 없는 지경에 이르는 경우를 보기도 한다.

　이들이 이처럼 먹는 행위를 멈추지 못하는 경우를 생물학적 원인으로 살펴본다면 음식을 먹을 때 포만감을 느끼게 해주는 세로토닌이라는 신경전달물질과 함께 행복감을 느끼게 해주는 엔도르핀의 영향으로 폭식증이 발생한다는 연구 결과도 보고된 적이 있다. 이런 경우는 충동조절장애를 겪는 경우가 많다. 이런 사람들은 주로 우울감을 호소하는 경우가 많다. 스트레스에 대한 올바른 해결책을 찾지 못하고, 자학으로 경험되는 불쾌감은 우울감을 불러오고, 그렇게 자신에게 폭력을 행사하면서 순간 느껴지는 쾌감으로 불쾌한 감정을 해소하려는 반복된 심리현상을 보이는 거다.

　인간은 누구에게나 스트레스가 있다. 그 스트레스의 원인은 사람마다 다르다. 또한 자신의 스트레스를 해결하는 방법도 다양하다. 그것이 어린 시절 리비도(Libido)의 문제라면 더욱 강한 정신력으로 이겨내야 한다. 자신의 현재 상태를 충분히 인지하는데도 과식을 조절하지 못한다면 의지력이 약하거나 진심으로 조절하고 싶은 생각이 없는 거다. 물론 인간의 근본 욕구인 식욕을 억제하기는 쉽지 않다. 그렇다고 망가져가는 육체를 방치할 수는 없는 일이다.

　식욕만큼이나 절제하기 어려운 것이 성욕이다. 특히 남자들에게 성욕은 식욕과 버금갈 만큼 절절한 욕구다. 그렇다고 모두가 그 욕구를 충분히 잘 해소하면서 살지는 않는다. 그것은 운동으로 하는 일로 또 다른 관심으로 해소하면서 극복해나간다. 물론 식욕은 성욕과 비교될 수 없을 만큼 인간 공통의 생명유지 수단이기는 하지만, 그렇다고 방법이 없는 것은 아니다. 먹고자 하는 욕구를 대체할 수 있는 여러 가지 식이 요법들도 있고 지압법도 있고 식욕억제제도 나와 있다. 무엇보다 좋은 것은 운동이다.

먹는 것에 신경이 집중될 때 자신이 선택한 다양한 방법으로 관심을 돌리는 것도 좋은 방법이다. 자기(Self, 신체와 정신 조직을 포함한 실제 개인의 전체 인격)에게 달린 몸은 무슨 죄가 있는가! 긍정적인 방법으로 건강을 지키는 것이 정신건강에도 아주 중요하다. 그리고 최대한 스트레스를 덜 받는 방법을 연구하자. 스트레스는 죽을 때까지 인간과 함께 할 것이기 때문이다. 자신의 문제에 당당하게 직면하고 해결 가능한 방법을 찾자. 몸도 건강할 권리가 있다.

⚠ Tip for Woman's Heart

원인 없는 행동은 없다.
심리적으로 무엇이 문제인지 전문가를 찾아 의논하는 것도
도움이 될 것이다.

여자 마음 **설명서**

"만약에 있잖아"

○ ○

상상을 잘하는 여자

Conversation

만약에 내가 여자가 아닌 남자로 태어났다면,
난 사업을 크게 했을 거야.

뭘 하고 싶은데?

난 무역업을 하고 싶어. 세계를 돌아다니면서
내가 만든 물건을 파는 거지.

지금은 왜 못해? 여자라서 못 하는 세상이 아니잖아.

아직까지는 여자 혼자서 남자 바이어들 상대로
거래를 따내는 것에는 제약이 많아.

현실에 만족하지 못해서 그렇다. 현실에 만족하면 비현실 속에 빠지지 않는다. 재미없다. 상상(想像, 실제로 경험하지 않은 현상이나 사물에 대해 마음속으로 그려 봄)은 비현실적이며 가상이며 허상이다. 그런 사실을 알지만 그곳에 있는 것이 좋다. 그곳에서는 자신의 무능력도, 마음에 들지 않는 외모도, 불편한 현실도 모두 자신이 희망하는 대로 이뤄지는 곳이다. 인간은 누구나 자신이 원하는 자신만의 파라다이스 하나쯤은 가지고 산다. 그것은 삶의 의미가 되기도 하고, 목표가 되기도 하고, 목적이 되기도 한다. 인간은 상상 속에 있던 소망을 현실 세계에서 성취한 행복한 자신을 꿈꾸며 끊임없이 노력한다. 그런 행복, 그런 쾌락을 인간은 추구한다.

유고슬라비아 출생의 대륙 철학자이자 헤겔, 마르크스, 자크 라캉 정신분석학에 기반한 비판 이론가인 슬라보예 지젝은 "욕망은 대상의 고유 가치와 교환 가치의 차액인 '잉여 쾌락'에 의해 지속된다"라고 했다. 그의 이론에 의하면 인간은 결코 이룰 수 없는 근원적 욕망(자본주의적 교환의 의미에서의 이윤추구, 잉여)을 향한 추구를 멈추지 못한다. 그러나 막상 대상(이윤, 잉여물)을 손에 넣는 순간 그 실체는 텅 빈 껍데기로 남아 '욕망과 미끄러지면서' 결핍을 낳는다. 영원히 채워지지 않는 이 결핍이 곧 '잉여 쾌락'이며 인간이 살아가는 에너지라는 거다.

공상이 주는 의미는 어쩌면 아주 무의미한 행위인 것 같지만 그런 행위를 통해서 자기가 추구하는 욕망을 발견하게 되고 에너지를 얻는다. 살아갈 이유를 발견하는 것이다. 초등학생이 대통령이 되는 꿈을 꾸며 행복해하는 것, 디자이너가 세계적인 디자이너의 대열에 합류해서 멋진 평가를 얻어내는 꿈을 꾸는 것, 미혼 여자가 남자와 결혼해서 자신이 원하는 행복한 가정을 꾸미는 상상을 하는 것은 멋진 일이다. 현대는 아이들의 꿈은 어리석어 보이고 청년들은 꿈을 꿀 수가 없는 세상이라고 말한다. 산타할아버지는 자신의 모든 소망을 모두 이뤄주는 기적의 할아버지가 아니라는 사실을 아는 아이들은 꿈을 꾸지 않는다. 이솝우화 속 피터팬은 더 이상 아이들의 우상이 아니다. 그저 할 수 있는 일과 하지 못 하는 일을 구분할 뿐이다.

너무 일찍 철이 드는 아이들을 보며 부모들은 천재라고 생각하며 기쁨의 미소를 짓지만 그것은 기쁨이 아니라 슬픔이다. 꿈을 꿀 나이에 꿈꾸지 못한다는 것은 비극이다. 조기교육은 아이들의 꿈을 말살시키는 행위다. 문명사회가 되면서 교육은 인성을 위한 것이 아니라 재화를 얻는 수단으로 전락됐고 아이들의 꿈도 함께 사라졌다. 한참 꿈을 꾸고 그 꿈을 키워야 할 어린이집에서 성교육을 통한 성폭력의 위험성을 가르치면서 사람은 좋은 것이 아니라 경계의 대상이라는 현실을 반복적으로 주입시킨다. 자신을 지키기 위해 불신을 조장할 수밖에 없는 현실 속에서 아이들은 더 이상 꿈꾸지 못한다. 그래도 아직 상상하고 꿈을 꾸고 있는 그 사람은 순수한 사람, 예쁜 사람이다.

하지만 현실이 아무리 험악하다고 해도 꿈꿀 수 있어야 한다.

꿈은 이런 현실을 지탱하는 힘이 되기 때문이다. 사람을 살리는 꿈, 사람들에게 행복을 주는 꿈, 함께 누리며 이뤄가는 희망의 꿈을 꾸어야 한다. 상상을 현실로 바꾸는 것은 오직 자신의 구체적인 계획과 행동으로만 가능하다. 지젝이 말하는 것처럼 그 소망이 현실이 됐을 때, 그 소망들이 비록 빈껍데기처럼 느껴진다고 하더라도 말이다.

인간의 삶은 그렇게 또 다른 빈껍데기를 만들어가며 사는 것이다. 이런 껍데기를 향한 반복은 인간을 자칫 허무주의자로 변모시킬 수 있으나 그러한 행위를 통해 잉여로 있는 소망을 하나씩 성취해나가는 것에 의의를 둬야 한다. 어차피 욕망의 끝은 없으니까. 하지만 욕망을 향한 노력에 둔다면 그 욕망 위에 더 큰 욕망이 있더라도, 이미 이룬 욕망이 껍데기처럼 보일지라도 도전할 가치가 있다. 상상하라. 그리고 도전하라. 껍데기가 쌓이면 그것이 그 사람의 역사가 된다. 멋진 삶은 최선을 다하는 오늘에 있다.

⚠ Tip for Woman's Heart

멋진 여자, 사랑스러운 여자는 꿈이 있는 여자다.
상상이 현실 가능한 일이 되도록 도와주라.

"어른답게 굴어"

○ ○

피터팬 신드롬에 걸린 여자

Conversation ▲▼

▲ 이번에 이사 갈 집은 네가 좀 알아봐라.

저는 안 해봐서 못 해요. 그리고 어떤 집을 알아봐야 하는지,
뭘 알아봐야 하는지도 몰라요. 그냥 엄마가 알아봐주세요. ▲

▲ 언제까지 엄마가 따라다니며 네 일을 봐주니? 나이가 40인데.

못해요. 그냥 엄마가 해주세요. 아빠는 시간 없으신가? ▲

    두려워서 그러는 거다. 어른아이가 너무 많다. 어른이 되어서
도 철들지 못하는 사람은 차라리 철들기를 거부하는 경우가 더 많
다. 두렵다. 세상에 자기 홀로 서야 한다는 사실이 너무 두렵다. 지

금처럼 앞으로도 엄마가 손잡아주고 아빠가 엉덩이를 밀어줬으면 좋겠다. 속칭 선택장애자(햄릿 증후군, Hamlet Syndrome)들만큼이나 어른 피터팬(피터팬 증후군, Peter Pen Syndrom, 몸은 어른이지만 어른의 세계에 끼지 못하는 '어른아이')이 많다. 피터팬 증후군을 앓는 사람들의 대표적인 심리특징은 책임회피와 의존이다.

피터팬 증후군은 미국의 임상 심리학자 댄 카일리가 명명한 개념으로 마치 동화 속에서 그려지는 피터팬의 모습처럼 몸은 다 컸지만, 마음은 유약하고 순진하며 현실 도피적이어서 사람들과의 관계에 주체적으로 관여하지 못하는 사람을 가리킨다. 카일리는 1970년대 후반부터 여권신장과 경기침체로 인해 상대적으로 남자들이 사회 정치적 힘이 약해지면서 여성들에게 의존적인 모습을 보이는 남성들이 증가는 것을 가리켜 피터팬 신드롬을 이야기했다.

이야기의 발단은 그렇지만 여기에는 남녀를 따로 구분 지어 말할 수 없다. 조사에 따르면 이와 비슷한 이론으로 우리나라에는 외환위기 사태 이후 어른이 됐음에도 유학이나 대학원 진학 등을 이유로 사회 진출을 미루며 부모에게 등록금과 용돈을 받고 일하지 않는 캥거루족이 있다. 일본에서는 안정된 직장에 취직하지 않고 자유롭게 생활하고 싶어서 아르바이트하며 사는 사람들을 가리켜 프리터라고 부르고, 중국에서는 일하지 않고 전적으로 부모한테 의지하며 사는 사람들을 가리켜 컨라오족이라고 부른다. 캐나다와 영국에서는 이들을 각각 부메랑족, 키퍼스라고 부른다고 한다.

선안남(2010) 씨의 조사에 의하면 이들의 특징은 그저 타인에게 의존하는 것에서 나아가 어떤 부정적인 상황이 생기면 남 탓을 하며 책임을 회피한다는 거다. 또 다른 특징으로는 호언장담하는 것인데, 그 일들은 현실성이 없어 실행이 불가능한 것이 대부분이다. 그저 타인의 관심과 인정을 받고자 하는 의도에서 이런 부당한 일을 계속 반복한다. 이런 사람들은 높은 이상으로 인해 쉽게 환상의 세계에 빠진다. 그 속에 있을 때만 가장 편안하다고 느끼기 때문이다. 선안남 씨에 의하면 이들이 부정(Denial, 유쾌하지 않거나 보고 싶지 않은 현실을 거부하거나 무시함), 퇴행(Regression, 스트레스나 불안을 경험할 때 발달 이전 단계로 돌아감), 합리화(Rationalization, 쉽게 받아들이기 힘든 생각이나 감정을 자기만의 논리로 정당화함), 동일시, 백일몽(Fantasy, 자신의 엄청난 성취를 상상함으로써 좌절된 욕구를 충족함), 대치(Displacement, 부정적인 감정을 일으키게 하는 대상이 아닌 다른 대상에게 화풀이함) 등의 방어기제를 사용한다고 밝혔다.

프로이트는 우리가 성장 과정에서 어느 한 시기에 발달적으로 정지해 있는 상황을 '고착(Fixation)'이라고 불렀다. 그는 고착이 일어나는 이유로 원하는 것을 너무 쉽게 얻어 과잉 충족되거나 그 반대로 원하는 것을 얻지 못해 일어나는 과잉 결핍의 상황이 우리를 더 성장시키지 못하고 한 지점에 계속 머물러 있게 만든다고 봤다. 대상관계 심리학자인 도널드 위니캇(Donald Winnicott)은 양육자와의 건강한 상호작용을 강조했다. 아이에게 적절한 충족과 통제, 자극과

좌절을 주는 환경을 만들어줘야 한다는 것이다. 그런 엄마가 '충분히 좋은 엄마(Good Enough Mother)'이고 그런 엄마에게서 자란 아이야 말로 현실 속에서 최선을 다하는 어른이 될 수 있다고 봤다.

그런데 요즘 부모들은 헬리콥터 맘, 빗자루 맘, 고속도로 맘이라 불리며 아이가 경험해야 하는 불편함을 미리 제거해주는 엄청난 오류를 범하고 있다. 그것이 부모 된 도리라 생각하고 그런 행동을 하는 자신을 자랑스러워한다. 언제까지, 어디까지 아이와 함께 있어줄 수 있고, 아이 일에 관여할 수 있을지 한 번이라도 생각해본 사람이라면 아이를 그렇게 나약하게 키우지는 않을 것이다. 아는 것도 병이다. 그런데 그 아는 것 때문에 아이가 죽는다. 나약한 아이, 충분한 햇볕을 받지 못하면 바로 죽어버리는 병든 아이를 만드는 거다. 이런 아이가 어른이 되어 세상을 병들게 한다. 눈앞에 당장 보이는 것에만 온 신경을 다 쓰고 바로 닥쳐올 미래를 보지 못하는 어리석음은 한 인간을 영원히 병들게 만드는 무서운 결과를 초래한다.

무엇보다 자신이 이런 지경에 빠져 있다면 너무나 힘들겠지만 작은 것부터 한 가지씩 결과를 낼 수 있는 일을 해야 한다. 그런 성취 경험은 또 다른 일에 도전할 수 있는 용기를 줄 것이다. 누구도 자립하지 못하는 사람과 함께 있고 싶어 하지 않는다. 한두 번은 도와주고 배려해주겠지만, 반복되면 자기도 자기 일이 있는 사람 입장에서는 귀찮고 불편한 사람이라는 생각 때문에 만나고 싶지 않은 존재가 되어버린다. 왕따가 되는 것이다. 따돌림은 여러 가지 이유로 발생하지만, 그 이유가 모두 타인에게만 있는 것은 아니다. 스스로가 자처하는 왕따도 있다.

사람은 누구나 독립적인 존재이며 사회는 자기 일을 계획성 있게 잘 꾸려나가는 사람을 좋아한다. 그러기 위해서는 자신이 가진 특질을 그대로 방치하지 말고 꾸준히 개선하고 변화시켜나가는 노력이 필요하다. 노력하는 여자가 아름답다.

🔺 Tip for Woman's Heart

성장을 위한 적당한 거리 두기도 필요하다.
실천 가능한 작은 일부터 할 수 있도록 도와주라.
그 일을 잘 해내면 충분히 칭찬해주고 격려해주라.
점차 난이도 높은 일을 할 수 있도록 이끌어주면
변화는 분명히 있을 것이다.
비난은 금물!

여자 마음 **설명서**

"재미없어"
○ ○
연애가 싫은 여자

Conversation

▲　선배는 데이트 안 해요?

　　　　　안 해요. 혼자 살기도 바쁜데, 그 귀찮은 걸 왜 해요? ▲

▲　나쁘고 불편한 것만 있는 건 아니잖아요.

　　　　　남자가 생기면 그 사람 비위를 맞춰야 하잖아요.
　　　　　혼자 사는 게 제일 편해요. ▲

　　연애가 싫은 게 아니라 아픈 거다. 사실 연애같이 좋은 일은 없
다. 생각만 해도 행복하고 힘든 일로 기운이 빠지다가도 힘이 솟아
나는 것이 연애감정이다. 어제의 하늘이 오늘의 하늘과 다르고 어

제의 바람은 오늘의 바람과는 그 의미가 다르다. 지나가는 사람 중 누구라도 자기가 얼마나 행복한지 물어봐줬으면 좋겠다. 힘들어도 속상해도 지루해도 귀찮아도 그 마음을 알아주는 사람이 있다는 사실에 행복하다. 맛난 것을 먹어도 좋은 곳을 가도 기쁜 일이 있어도 슬픈 일을 겪어도 함께 나눌 수 있는 사람이 있어 좋다. 천둥이 치고 비바람이 불고 폭설이 내리고 폭우가 쏟아져도 그 사람과 있으면 문제없다. 시간이 멈췄으면 좋겠다.

그런데 왜 이렇게 좋은 연애가 싫을까? 연애하는 과정에서 원하는 위로를 얻지 못했거나, 원래부터 가지고 있었던 여유로움을 잃어버렸거나, 배신과 같은 아픔이나 괴로움을 경험하지 않고서야 그럴 수는 없다. 몇 번의 데이트는 지루했고 드러난 상처는 아픔으로 있다. 만났던 사람은 바보 같고 어리석어서 수치감을 느꼈다. 그 사람의 비위를 맞추고 마음을 나눠보려고 했지만 오가는 정을 느낄 수 없다. 이기적이고 독선적인 인간이 그 남자 하나만이 아니라 모든 사람이 그 사람 같을 것이라는 확신마저 생겼다. 차라리 그런 복잡하고 어지러운 감정으로 인해 불편해하고 괴로워하느니 내 마음대로 계획하고 움직이면 결과를 얻을 수 있는 일을 하는 것이 좋다는 생각 등에 도달했다면 그 사람은 더 이상 연애감정을 만들고 싶지 않을 것이다. 세상에 많은 부분이 이기적으로 흘러가다 보니 타인의 감정을 읽어주고 자신의 욕구를 축소하고 수정하는 것에 힘겨워하는 사람들이 늘어난다. 오죽하면 대화하는 로봇이 만들어질까!

미국의 역사학자, 윤리학자와 사회 비평가인 크리스토퍼 키트래시는 현대 미국 사회를 '나르시시즘의 문화'라고 일컬으면서 '나 세대(Me Generation)'의 의미를 강조했다. 나 세대의 가치는 자신을 가장 우선으로 사랑하며 자아를 추구하고 개발하고 완성시키는 것이라고 했다. 그 결과 많은 사람이 타인을 위한 성숙하고 헌신적인 사랑을 할 수 없게 됐다고 봤다. 저명한 정신분석가들도 나르시시즘을 현대의 전형적인 병리증상이라 보고 '자기애성 성격장애'를 1980년대와 1990년대의 가장 보편적인 임상 증후군으로 언급했다. 이러한 현상은 21세기를 사는 지금에도 그대로 유효하며 어쩌면 더 심각한 지경에 빠진 듯하다.

윙크(Wink)는 종단적 연구를 통해 여성에게서 보여지는 세 가지 유형의 나르시시즘을 제시했다. 첫째는 과민성(Hypersensitive) 나르시시즘으로 상처받기 쉽고 적대감을 느끼며 우울감에 빠지는 성향이다. 둘째는 자의성(Willful) 나르시시즘으로 우쭐대기를 좋아하고 허풍이 심하고 자기를 드러내는 것을 좋아하는 성향이다. 셋째는 자율적(Autonomous) 나르시시즘으로 창의적이며 공감적이고 성취 지향적이며 개성이 강한 성향이라고 분류했다. 이러한 특징들로 서로가 서로에게 상처를 주고받으며 때로는 공감대를 형성하기도 한다. 나와 다르면 배척하고 구분 짓고 한쪽으로 치우쳐 숨거나 그 행위를 중단해버리는 극단의 선택을 하는 것은 옳지 못하다.

하지만 많은 현대인, 특히 청소년들은 이런 불편한 감정을 처리하는 것에 매우 서투르다. 가정에서 혼자 혹은 이성의 남매 둘이 자라는 환경에서 서로의 불편한 감정에 대해 자연스럽게 타협하고 해결점을 찾아가는 과정을 배우지 못했다. 차라리 그 상황을 피하는 것으로 문제를 해결하거나 소리를 지르거나 폭력을 행사함으로써 그 상황을 마무리 지어버리는 극단적 선택이 더 쉽다는 것을 익혀버리기도 한다. 이런 환경에서 자란 사람들일수록 더욱더 감정이 강하게 수반되는 연인관계의 불편함을 잘 해결해나가기란 결코 쉽지 않다.

보편적이고 이상적인 관계를 만들어가기 위해서는 나와 다른 타인에 대한 배려와 인정과 수용이 있어야 한다. 자신이 그렇게 그런 불편한 감정들을 받아들일 때 타인도 나의 불편함을 인정하고 수용해줄 것이다. 미묘한 감정싸움이 빈번히 일어나는 환경인 연애 관계에 있어서 시작이며 끝은 배려다. 부부로 산다는 것은 자신과 전혀 다른 이성을 이해하는 것이 아니라 그저 배려하고 인정하고 수용하는 과정을 사는 것이다. 연애는 그런 삶의 연습이어야 맞다. 남자와 여자는 메커니즘이 전혀 다른 별개의 개체다. 이해되거나 공감할 수 있는 관계가 아니다. 부부싸움은 그런 오해에서 비롯해서 끝내 이혼으로 치닫는다.

그런 의미에서 연애한다는 것은 자신을 배려하고 인정하며 부족함을 수용할 가능성이 있는 사람을 찾는 과정이며, 자신 또한 그러한 사람이 되는 것을 배우는 과정이다. 이러한 노력이 가능할 때 비로소 두 사람은 존재론적 가치관을 공유하며 피차 서로의 성장을 도모할 수 있는 참된 가치로서의 삶을 꿈꿀 수 있을 것이다. 연애는 단순히 황홀함이나 아름다움으로만 인식될 수 없다. 삶은 그렇게 황홀하거나 아름답지만은 않기 때문이다. 다소의 꼴림(음경(陰莖)이 흥분해 일어나다)과 다량의 끌림(관심 따위가 쏠리다)이 있는 사람을 만나는 것이 연애를 지속할 수 있는 유일한 방법일 것이다. 연애를 싫어하는 사람을 설득하기 위해서는 더 많은 인내가 필요하다. 특히 배려, 인정, 수용의 마음이 있어야 가능할 것이다.

🔺 Tip for Woman's Heart

사랑보다 강력한 무기는 없다.
진심으로 사랑한다고 느껴지면
굳게 닫힌 마음의 문도 순식간에 열릴 것이다.

여자 마음 설명서

"남자가 편해"
○ ○
남자 사람 친구가 많은 여자

Conversation ▲▼

▲ 난 여자들과는 할 말이 별로 없어.

왜요? 여자들과는 공통점이 많아서 할 말도 많고
같이 할 일도 많잖아요. ▲

▲ 난 남자들의 사고가 좋아. 배울 것들도 많고,
시시콜콜한 이야기를 안 해도 되고,
대부분 실리적인 이야기를 해서 좋아.

그냥 남자가 편하다. 여자들끼리의 미묘한 감정싸움을 하기 싫을 때는 남자가 최고다. 웬만한 것은 대충 넘어가고 트집 잡지 않는다. 남자의 관점에서 여자는 트집 잡고 싸우고 싶은 존재가 아니다.

자기들끼리 피 터지게 싸우는 것으로 이미 충분하다. 다만 함께 있는 공동의 그녀가 마음에 들면 자기들끼리 미묘한 감정싸움은 하겠지만, 그것도 내 문제가 아니다. 사고 패턴도 사회적 동물로서 그들이 경험한 다이내믹하고 글로벌하고, 때로는 다소 엉뚱하기까지 한 행동양식이라든가 문제 해결 방식이 여자가 경험하는 것과 달라서 재미있다. 남자들이 만들어놓은 세상에서 그들과 더불어 살아가려면, 그들의 방식으로 소통하고 관계하는 방법을 익혀야 한다. 그런 의미에서도 남자인 친구들과 대화하고 그들과 인맥을 만드는 것이 여러모로 도움되기도 한다.

　이런 목적을 가진 만남이 아니라 그저 애인이 아닌 남자 사람이 좋은 경우도 있다. 기질적 측면에서 본다면 남자 중에도 다량의 여성호르몬을 가지고 있어서 많은 부분 여성스러운 경우도 있고, 여자도 다량의 남성호르몬으로 인해 남성적인 성향을 보이는 경우도 있다. 그저 남성들과 이야기하고 그들의 사고체계로 생각하는 것이 편한 경우다. 편안하다는 것은 어느 부분 공통된 요소가 있어야 가능하다. 주로 후천적 영향으로 인해 그런 성향이 만들어진 경우다. 이는 남자들과 일하다 보니 남자들처럼 사고하고 남자들처럼 말하면서 남성화되는 경우다. 예를 들면 남성을 상대로 하는 사업가나 운동선수, 다소 많은 이성적 사고를 요구하는 이공과 대학교 교수들 같은 경우를 들 수 있겠다. 이들은 불필요한 에너지를 써야 하는 감성적인 여자들보다는 목적 지향적인 이성적 판단이나 논쟁을 할 수 있는 남자들이 일하기에는 더 편하다고 생각할 수 있다. 이런 경우는 기질적으로도 다소 남성적이었던 여성이 그런 일을 하면서 그 기질이 더욱 강화되는 경우로 볼 수 있다.

또한, 양육환경에서 본다면 남자 형제들이 많은 가정환경에서 자랐거나 부모의 성향이 상당히 남성적이어서 여성스러움을 배우지 못했을 경우도 있다. 부정적 의미에서 본다면 양육환경에서 나약한 엄마의 모습을 통해 여자이기를 의지적으로 거부하는 경우도 있을 수 있다. 그 사람이 그런 것은 처한 환경의 다양성만큼이나 다양하다. 이유야 어찌 됐든 남자 사람 친구를 많이 두려면 무엇보다도 마음 단속을 잘해야 한다. 이 남자 저 남자에게 마음을 흘려서는 그 어떤 경우에도 이성 친구 관계가 잘 유지될 수 없다. 여자는 어떤 순간에도 남자를 그냥 남자로 볼 수 있다. 남자보다는 다소 안정적이다. 하지만 많은 남자는 환경만 주어진다면 여러 여자를 상대로 섹스하고 싶어 하므로 마음을 잘 써야 한다. 그렇지 않으면 괜한 행동으로 오해를 조장하고 좋은 친구 관계를 불편해지게 할 수 있다.

남자가 여자를 좋아해야 하고 여자는 무조건 남자를 좋아해야 하는 법은 없다. 다양성을 인정하는 사회에서 성소수자들의 삶도 반드시 인정되어야 한다는 입장이다. 무엇보다도 남자 여자가 아니라 사람으로 인정되고 서로의 성에 대한 특질들을 잘 이해하고 피차 도움을 주고받는 그런 사회가 바람직할 것이다. 남자가 여자들의 모임에 있다고 해서 이상하게 볼 것도 아니고, 여자들의 모임에서 남자가 있다고 해서 잘못된 것이 아니다. 이런 인식은 여러 집단에서 이미 형성되어 있는 조화지만, 그래도 아직 그 상황을 불편해하는 본인이나 다른 개인들이 있는 것을 보면 우리나라 국민의 유교적 인식의 변화가 요구되는 부분이기도 하다.

⚠ Tip for Woman's Heart

그녀가 요구하기 전에는 덤비지 마라.
남자 사람 친구를 좋아하는 여자는
오히려 남자로서 대응하기가 쉽다.
이성이나 감성의 다소 많은 부분이 닮아 있기 때문이다.
신뢰를 보이고 함부로 대응하지 않는 것이 중요하다.
이런 여자들의 대부분은 자존감이 상당히 높기 때문이다.

"밉보여 좋을 것 없지"
○ ○
사회화된 여자

Conversation

▲ 속상해. 왜 이렇게 야근이 많아? 약속을 못 잡겠어.

할 수 없지. 남의 돈 버는 게 쉬울 리 없잖아. ▲

▲ 안 속상해?

속상해도 하는 수 없잖아. 그만두지 않을 거면 따라야지. ▲

직장인, 직업인으로 체질화된 사람이다. 사회적 동물로서 인간
이 사회화되는 것은 올바른 변화다. 대인관계를 잘 형성하는 사람
이다. 윗사람 아랫사람에 대한 예우도 바르고 사람들의 비위도 잘

맞출 줄 아는 사람이다. 마음에 들지 않는 일이 있어도 목적을 위해서 충분히 참을 수 있고, 그보다 더한 일이라고 해도 기꺼이 동참한다. 사람들은 간혹 이런 사람을 배알도 없고 간신이라며 손가락질하지만, 그것도 크게 신경 쓰지 않는다. 목적한 바가 있어서 가능한 한 잘 견뎌낼 수 있는 방향으로 자신을 체질화시킨다. 그래야 자신을 향한 부정적 시선에서 조금은 더 자유로울 수 있을 것 같아서다. 그가 그럴 수밖에 없는 데는 여러 가지 이유가 있을 것이다. 청소년 가장이든지, 한 가정의 가장이든지, 미래를 위해 목돈을 준비하고 있는 사람이든지…. 이런 목적 없이 자신을 버리고 타인의 시선에 맞춰 산다는 것은 몹시 어려운 일이다.

인간은 누구든 존중받기를 원하고, 아래보다는 위에서, 없는 것보다는 가진 것으로 자신을 나타내고 싶은 욕구가 있다. 옛말에 지렁이도 밟으면 꿈틀거린다는 말이 있듯이 아무리 보잘것없어 보이는 사람도 자존심은 있다는 말이다. 사회의 일원으로 자신의 목적하는 바를 이루며 산다는 것은 정말 곤욕스럽고 힘든 일이다. 먹고 살자니 어쩔 수 없다는 푸념은 그냥 하는 말이 아니다. 죽을 만큼 힘든 것도 육체의 고통보다는 정신적 스트레스가 더 큰 역할을 한다. 그만큼 인간은 자존감 하나로 세상을 산다. 그런 인간이 자신의 개성을 억누르고 있어도 없는 것처럼 주어진 역할만 강요하는 집단에서 살아남는다는 것은 참으로 힘겨운 일이다.

그런데 참으로 아이러니하게도 사람들은 앞서 예를 든 이유가 아님에도 불구하고 그런 집단에 다시 소속되기를 원한다. 화나고 속상할 때는 수십 번 그만두고 싶어 하지만, 막상 그런 직장을 벗어나 마냥 혼자서 유유자적할 것 같은 사람도 또 다른 형태의 모임에 참여한다. 물론 이런 모임들은 직장처럼 강박적 의미로 있지는 않지만, 그 모임 또한 다소 위계가 있고 규율이 있음에도 불구하고 그렇다. 말로는 영업상 어쩔 수 없다, 사업상 불가피하다, 더 많은 활동 범위를 넓히기 위해서는 반드시 해야 하는 모임이라고 말은 하지만, 그 내면에는 자신에게 주어진 자유를 억압해서 안정감을 얻고자 하는 심리가 작용하기 때문이다.

많은 직장인이 명예퇴직이나 정년퇴직을 하거나 또 다른 이유로 직장을 그만두면 처음 얼마 동안은 주어진 자유에 대해 행복해하고 죽을 때까지 마냥 그렇게 살 것으로 보인다. 하지만 얼마 지나지 않아 돈을 떠나서 심심하다며 다시 일하고 싶어 하는 경우를 종종 보게 된다. 100세 시대에 조기 퇴직은 더 많은 사람에게 자존감에 대한 상실을 경험하게 했다. 이런 욕구는 더욱 강하다. 소속이 없고 불러주는 사람이 없다는 것은 그 사람에게 무가치함을 증명하는 것과 같은 폭력이기 때문이다.

에리히 프롬은 그의 책 ≪자유로부터 도피≫를 통해 서구 문명의 역사에서 사람들이 보다 많은 자유를 성취함으로써 그들이 보다 많은 고독과 무의미성에 따른 고립을 느끼게 된다고 지적했다. 역으로 사람들이 보다 적은 자유를 가질수록 그들이 보다 많은 소속과 안전의 감정을 느낀다는 거다. 그런 의미에서 프롬은 자유의 부정적인 측면으로부터 도피하기 위해, 또한 잃어버린 안전을 되찾기 위해 사용하는 정신적 도피 기제의 하나로 자동적 동조(Automaton Conformity)를 제시했다. 인간은 주어진 자유에서 벗어나 습관 되고 반복되어 힘들었던 그런 사회 문화 속에 다시 들어가 스스로 억압하는 행위를 통해 소속감과 안전을 느낀다는 거다.

인간은 누구나 외롭다. 돈이 많든 적든, 주변에 사람이 많든 적든, 직책이 높든 낮든, 많이 배우든 못 배우든, 그런 것들과 상관없이 사람은 누구나 외롭다. 그런 외로움 때문에 인간은 관계를 맺기를 원하고 일회적인 관계가 아니라 지속적이고 안정된 관계를 통해 자신의 존재를 확인하고 싶어 한다. 그렇게 인간은 관계 속에 있어야 의미가 있는 것이다. 그런데 그런 관계의 필요성을 지극히 자기적인 방법이지만 타인에게도 도움이 되는 방향으로 잘 훈련된 자기를 만들 수 있다면 좋은 일이다.

그렇게 사회화된 사람은 분명 긍정적인 면도 있지만 다소 부정적인 의미도 있다. 긍정저인 의미에서 사회화가 잘 형성된 사람은 누구와도 잘 어울릴 수 있는 사람으로 이해력과 수용력이 좋은 사람이다. 타인에 대한 배려와 존중하는 심성으로 타인의 본보기가 되는 사람이다. 부정적인 의미에서의 사회화된 사람은 특별히 싫어하는 사람도 없지만 그렇다고 딱히 좋아하는 사람도 없어서 속을 모르는 사람이다. 다른 사람이 이 사람을 일컬어 그 사람 어떠냐고 물으면 대부분 "그냥 그런 사람이야"라는 평가를 받는다. 가까이하기에는 뭔가 불편하다. 대부분 예의 바르고 많은 부분 가식적이라 느껴지지만, 딱히 손가락질할 만한 일을 만들지 않는다.

기업이나 이윤을 목적으로 하는 집단에서는 이런 사람을 원한다. 다소 감정적이거나 다분히 정의로워서 옳고 그름을 따지고 구분 짓는 사람보다는 그 집단의 특성에 맞게 잘 훈련된 사람, 자기감정에 상관하지 않고 소속된 집단의 이기를 위해 최선을 다하는 사람을 원한다. 이들은 적당히 억압당하고 지배되어도 개의치 않고 순응한다. 어쩌면 지극히 개인주의적이며 자신의 이기를 위해서 움직이는 배타주의적 인간이다. 자신의 목적만을 위해서 움직이고 가치를 매기는 사람이다. 무엇이 좋다 나쁘다 단정할 수 없다. 인간은 어차피 자신에게 주어진 삶을 살 뿐이기 때문이다. 하지만 이왕이면 배려와 존중, 이해와 인정이 있는 사회가 되기를 소망할 뿐이고 그런 사람이 많기를 바랄 뿐이다.

> ⚠ **Tip for Woman's Heart**
>
> 이런 부류의 여자들은 합리적 이성을 좋아하는 경우가 많다.
> 막무가내로 몰아붙이거나 감정적으로 대응하지 마라.
> 매사 이성적으로 풀어나가면 좋은 관계를 만들 수 있다.

"왜 말을 안 들어?"

○ ○

바꿔야 사는 여자

Conversation ▲▼

▲   넌 언제까지 청소를 안 할래? 도대체 이러고도 잠이 오니?

청소할 거예요. 그리고 전 불편하지 않아요. ▲

▲   옷은 벗으면서 바로 걸어. 옷걸이에 걸어야 구김 없이 다음에
또 입지. 이렇게 두면 다 구겨져서 다음에 어떻게 입니?

    마음에 드는 게 하나도 없다. 일단 바꾸고 본다. 이것은 여자가
부여받은 특권이다. 여자의 권리이고 의무다. 먼저 애인부터 바꾼
다. 헤어스타일도, 신발도, 옷도, 액세서리도, 나아가 말투까지 모
조리 바꾼다. 왜? 내 남자니까! 그래야 어디든 데리고 갈 맛이 나

고 따라다닐 기분이 생긴다. "그것도 안 해줘? 자기 나 사랑하는 거 맞아? 하나만 바꾸자. 응? 요즘 유행이야 이런 거! 자기는 다 좋은데 유행을 너무 몰라" 등등. 사실 남자는 그런 거 관심 없다. 옷은 체온만 유지하면 되고 신은 물만 세지 않으면 된다. 머리카락은 마음 같아서 싹 밀어버리고 싶다. 그래도 체면이 있어서 나름 엄청나게 연습하고 노력하며 공부하는 중이다. 그런데 여자는 볼 때마다 매번 지적질이다. 짜증나지만 자신의 그런 모습이 좋다고 하니 하는 수 없이 말을 듣긴 듣지만 정말 귀찮고 번거롭다.

이런 남자들을 당혹스럽게 하는 것은 변화하는 젊은 세대다. 요즘 젊은 남자 중에는 패션 리더들이 많다. 엄청난 변화다. 비비크림을 바르는 것은 직장인들의 기본 매너다. 다양한 스타일의 기성복도 저렴한 가격에 형형색색 나와 있어서 조금만 주의를 기울이면 얼마든지 선택할 수 있다. 안다. 자신도. 그래도 못하는 것은 못하는 거다. 쇼핑이 번거롭고 귀찮은 것은 어쩔 도리가 없다. 그런데도 여자는 자기 소유로 들어온 남자친구에게 끊임없이 도전한다. 노력을 안 한다, 해줘도 고마운 줄 모른다며 투덜거린다. 남자 입장에서는 미치고 팔짝 뛸 일이다. "아니 사랑이 죄야? 사랑하면 뭐든지 자기처럼 되어야 하나?" 이런 갈등이 시작되면 관계가 힘들어진다. 여자 입장에서야 '그거 하나 못 해줘?' 생각하지만, 입장을 바꿔 생각해보면 만날 때마다 남자가 얼마나 불안하겠는가! 만나면 잘 입었니 못 입었니 해가며 자신을 평가하고, 마음에 안 들면 뾰로통해져서 그날 데이트는 엉망일 게 뻔하지 않은가! 스트레스 작렬이다. 못된 버릇이다.

　이런 소망을 마음껏 성취하지 못한 여자는 자식을 통해 욕구를 충족한다. 아이를 마치 자신이 가지고 노는 바비 인형이라 착각하고, 세상의 그 누구보다 더 예쁘고 멋진 스타일로 아이를 장식한다. 멋을 위해서는 불편한 스타일은 기꺼이 감수해야 한다고 세뇌해서라도 소망을 달성한다. 아이들은 모두 모델이고 모두 패셔니스트다. 이런 여자들의 욕구를 모두 표현하려면 10페이지도 부족하다. 왜 그러는 것일까? 그것은 이루지 못한 자기 소망 때문이다. 사람들은 모두가 불완전의 존재들이다. 그래서 끊임없이 완전함을 추구한다. 그것은 가장 손쉬운 것부터, 가장 가까이 있는 것들로부터 출발한다. 그 소망의 희생양이 남자친구요, 자식이요, 남편이 되는 거다. 자신의 욕구대로 꾸며놓은 그들을 앞세우고 걷는 여자의 마음은 천군만마를 얻은 양 으스대며 흐뭇한 미소로 그들을 뒤따른다.

　여기서 나아가 직장을 다니는 여성으로 부하직원이 있는 경우는 직원들을 여러모로 바꾼다. 가르치고 채근하고 달래가면서 마음에 들 때까지 바꾸려고 노력한다. 특히 옷 입는 것에서부터 말투와 행동에서 성격까지 다 고치려 든다. 그러면서 자신의 노력으로 변화된 직원을 보면서 뿌듯해한다. '역시 나는 괜찮은 여자야! 그래야지. 잘한 일이야'라며 자축한다. 사육하는 사람은 만족감이라도 생기지만, 사육당하는 입장을 생각하지 못한다. 자신은 마치 훌륭한 일을 한 것처럼 고맙다는 인사를 듣고 싶어 한다.

생각해보면 참으로 어리석기 짝이 없는 일이다. 자신도 자신을 마음대로 바꾸지 못하면서 타인을 자기 마음대로 조정하겠다고 생각하는 것은 또 하나의 범죄행위다. 범죄라고 하면 무슨 칼로나 주먹으로 찌르고 내리쳐야만 범죄가 아니다. 상대의 마음에 함부로 들어가서 자기의식을 심고 행위를 강요하는 것 자체가 심리적 폭력이다. 이런 오류는 오래가지 못한다. 남편은 포기하고 산다지만, 자식은 초등학교만 들어가면 거부하기 시작한다. 암튼, 나 닮은 사람은 자신 하나로 족하다고 생각해야 한다. 자기도 자기 마음에 들게 못 사는 것 아닌가! 하물며 다른 이들에게 폭력은 그만두어야 한다.

그런 마음이 자꾸 생기면 무엇보다 자신을 변화시키는 데 공을 들여야 한다. 마음을 가꾸고 생각을 가꾸고 행동을 바꾸어서 지금보다 나은 자신을 만들어가는 일에 시간을 써야 한다. 자기 일에 바쁜 사람은 타인의 삶에 관여할 시간이 없다. 할 일이 없다고 생각하면 자꾸만 다른 곳에 눈을 두는 것이 사람이다. 눈이 마음이 아닌 밖을 향해 달린 이유다. 여자들이 한풀이 권력행사 그만하고 지금 목표하고 있는 사람들에게 자유를 줘야 한다. 자기 몸에 치장하는 것 하나도 자기 마음대로 못하면 세상 무슨 맛으로 살겠는가!

사랑은 그 사람을 변화시키는 것이 아니라 그 사람을 있는 그대로 인정하고 부족한 그대로를 사랑해주는 거다. 부족해 보이고 바꾸고 싶은 것이 있을수록 지금 하는 그 일을 격려하고 응원하면, 변하라고 굳이 말하지 않아도 자동으로 변화는 일어난다. 자신이 목표하는 방향으로 신속히 변할 수 없는 것처럼 다른 사람들도 마찬가지다. 시간이 필요하다. 기다려주고 응원해주고 믿어주는 것이 필요하다. 그럴 때 비로소 자신도 사랑할 수 있다. 타인을 향한 눈이 자신을 향하면 자신에게 해야 할 일이 얼마나 많은지 발견하게 된다. 자기 부족함을 깨닫는 순간 변화는 시작된다. 자기가 변하면 주변이 변하고 사회가 변한다.

▲ Tip for Woman's Heart

바꿀 수 있는 것과 바꾸지 못하는 것을 분명히 해두자.
여자가 바꾸고 싶은 것은 다른 것을 바꿀 수 없어서
그것이라도 바꾸고 싶기 때문이다.
관심을 타인에게 쓰지 않도록
취미생활 등의 바쁜 일정을 만들게끔 도와주라.

여자 마음 설명서

"혼자는 못 살아"
○ ○
사랑 없이 못 사는 여자

Conversation

🔺 혼자 사는 사람은 정말 신기해.

왜요? 🔺

🔺 어떻게 혼자 살아?
너무 외롭잖아. 이야기할 사람이 있어야지.
난 마음을 나눌 사람이 없으면 안 돼.

외롭다. 그럴 때는 사랑이 최고다. 여자에게 남자는 단순히 사랑의 대상으로만 존재하는 것은 아니다. 일찍이 프로이트는 엘렉트라 콤플렉스를 생각해냈고, 스위스의 정신의학자이며 심리학자인 융은 아니무스의 개념을 수립했다. 엘렉트라 콤플렉스는 프로이트가 이론을 세우고 융이 이름을 붙였다. 프로이트에 따르면 3~5세의 남근기(男根期)에 여자아이들은 자신에게 아버지가 가진 성기(Penis)가 없다는 사실을 알고 남성을 부러워하는 한편, 자신에게 남성 성기를 주지 않은 어머니를 원망한다고 한다. 프로이트는 남근 선망(Penis Envy)이 여자아이가 엘렉트라 콤플렉스를 갖는 적극적인 원인으로 봤다. 이러한 욕구는 어머니의 여성적 가치를 자기와 동일시하면서 사라진다.

또한, 융은 여성의 무의식 속에 있는 남성적 요소를 아니무스(Animus)라고 명명했다. 조상 대대로 남성에 관해서 경험한 모든 것의 침전물, 즉 인간 정신 속에 전승된 남성적 요소가 있다고 생각했다. 아니무스는 생각, 의견, 판단으로 나타난다. 여성이 남성을 볼 때 남성에게서 신화에 나오는 영웅상, 성자상 같은 것을 본다고 한다. 아니무스는 4단계의 발전단계를 갖는다. 첫째는 육체적인 영웅, 둘째는 낭만적인 남성, 행동적인 남성으로 전쟁 영웅의 이미지다. 셋째는 교수나 목사의 상으로 '말씀'의 사자, 넷째는 종교적 체험의 중개자로서 지혜로운 안내자의 이미지 단계로 보고 있다.

이처럼 프로이트나 융의 주장대로라면 여자는 끊임없이 남자를 그리워하는 거다. 어린 시절 남자인 아버지로부터 충분히 보상받지 못한 여자들은 남자에게서 결핍된 욕구를 채우려고 한다. 하지만 근본적인 결핍은 대상의 역할에 따라 그 정도를 달리할 뿐 욕구 자체가 사라지지 않는다. 만족되지 못한 사랑의 결핍은 끊임없이 또 다른 대상을 찾는다. 이런 여자는 남자 사람인 남자가 아니라 사랑의 대상으로서의 남자가 절실한 것이다.

결핍은 온전히 채워질 수 없다. 인간은 모두가 결핍을 갖고 살기 때문이다. 그런 이유로 완전한 존재로 관념화된 신에게 자신을 온전히 맡김으로써 안전을 느끼며 자신을 위로하기도 한다. 결핍으로부터 오는 불안은 무엇을 대상으로 안전을 추구하면 아주 위험하다. 그 대상이 사라지거나 퇴색되는 순간 더 큰 불안에 휩싸이기 때문이다. 이런 불안에서 헤어나올 수 있는 가장 현명한 방법은 불완전한 자신을 있는 그대로 인정하는 거다. 어차피 삶은 불완전하고 미완성된 과정이다. 불완전한 대상의 인간에게서 자신을 완전히 채워줄 수 있는 존재를 찾으려고 한다면 끊임없는 실패를 경험하게 될 것이다. 참된 사랑은 외부에 있는 것이 아니다.

자크 라캉의 '대상 a', 즉 욕망하는 그것은 채워질 수 없는 구멍으로 남아 있어 인간은 늘 외로움에 사로잡힐 수밖에 없는 존재라고 했다. 그 구멍을 메울 수 있는 것은 오직 사랑인데 그 사랑은 누구를 향한 사랑이, 누구에게서 받는 사랑이 아닌 것이다. 그 사랑은 자족하는 자신, 부족함을 인정하는 자신, 있는 그대로를 받아들이고 발전시킬 수 있는 그런 자기로만 채울 수 있다. 그런 사랑은 자신 안에 있어서 보이지 않지만 사랑하는 행위로 보여줄 수 있다. 사랑받는 것이 아닌 사랑하는 행위다.

사랑은 받는 것보다 주는 것이 더 좋다는 말이 있다. 받는 것에서 오는 불만족스러움을 주는 것으로 대체하면 같은 아쉬움은 느끼지만 그 아쉬움의 형태는 사뭇 다르다. 받지 못해 느끼는 아쉬움은 결핍으로 남지만, 더 주지 못해 느끼는 아쉬움은 불편함으로 남기 때문이다. 그 불편함은 자신을 독려할 것이고, 더 많은 것을 나누기 위해 분투할 것이고, 더 잘하려고 자신의 삶에 최선을 다할 것이기 때문이다. 사랑을 받으려고 끊임없이 찾아다니지 말고 사랑해줄 대상을 찾다 보면 기대하지 않았던 행복을 느낄 수 있을 것이다.

⬥ Tip for Woman's Heart

집착된 사랑이 되지 않도록 거리를 조절하라.
자신을 진심으로 사랑하는 사람만이
타인도 진심으로 사랑할 수 있다는 것을 알게 하라.
참된 사랑은 서로를 성장시켜주는 것이다.

"한 사람은 시시해"

○ ○

양다리 걸치는 여자

Conversation

한 사람만 만나면 재미없어.
또 그 사람이랑 잘못되면 졸지에 혼자가 되잖아.
미연에 방지하는 방법은 두세 사람을 동시에 만나는 거야.
한 사람한테 얽매일 필요도 없고.

너무 이기적인 생각 아니야? 상대 남자들은 무슨 죄야?

자기들도 그러면 되지. 난 상관없어.

배신에 대한 두려움 때문에 진정으로 사랑하는 남자를 못 만나서 그러는 거다. 정말 원하던 남자를 만나면 다 버린다. 그런 게 여자다. 미국의 정신의학자이자 정신분석학자인 설리반은 인간의 불안을 미연에 방지하기 위한 방어기제로 병렬적 왜곡(Parataxic Distortion)을 제안했다. 병렬적 왜곡은 타인에 대한 개인의 반응이 자신이 경험해왔던 나쁜 관계에 의해 편향되거나 왜곡되는 것을 의미한다. 설리반은 이러한 왜곡이 우리의 대인관계에 영향을 준다고 믿었다. 그런 의미로 양다리를 걸치는 사람은 과거 깊게 사귀었던 남자에게서 배신당했거나 몇 번의 데이트를 했지만 한 번도 신통한 경험이 없어도 그렇다.

그 사람이 별 특별한 매력이 없거나 선천적으로 과시욕이 강해서 남자들의 야릇한 시선을 즐기는 여자일 수도 있다. 이런 경우는 진실한 마음을 주고받는 예가 극히 드물다. 대부분 형식적으로 사귀고 쉽게 헤어지고 쉽게 다시 사귄다. 그러다가 나중에 큰코다치는 수도 있다. 자신은 그렇다고 치더라도 상대는 진심일 수도 있으니 말이다. 인간의 감정을 가볍게 여기는 것은 아주 나쁜 습관이다. 그만큼 자신도 자신을 어디에다 둘 수 없다는 말이 된다. 자기도 자기를 사랑하지 못하는데 누구를 사랑하겠는가! 이런 사람은 알고 보면 불쌍한 사람이다. 이런 경우는 결혼해도 잘 해결되지 않는 경우가 있다. 배우자가 신뢰를 보여주지 못하면 그렇다. 여자가 정말 바람이 나면 자식도 버리고 집을 나가는 이유다. 유부녀가 집을 들락날락하며 바람을 피우면 지금 상대가 믿음이 생겼다가 안 생겼다가 하는 거다. 대상(남자)이 자꾸 바뀌는 것도 매한가지다. 다시 말해 양다리를 걸쳤다는 것은 어떤 남자한테도 온전히 마음을 줄 수 없다는 의미다.

우리의 의식 속에서 성인 여자는 거처가 없다. 유교적 관념에서 본다면 자식이 성인이 되면 부모를 떠나야 한다. 남자는 부모를 떠나 자신의 핏줄로 형성되는 자기 성씨의 가족을 이루지만, 여자는 부모를 떠나 남자가 마련하는 가족의 일원으로 예속된다. 자의 반 타의 반 남편을 따라 가족이 된다. 하지만 그 가족 구성원으로 평생을 살다 죽어도 여자에게는 남는 것이 없다. 지금에야 좀 바뀌고 있지만 여전히 많은 족보에는 여자 이름이 없다. 명절을 맞아 일가친척 수십 명이 모여도 자신의 성씨를 가진 사람은 없다. 사촌에 팔촌이 모여도 모두 남인 것이다. 어느 곳에도 마음 붙일 곳이 없는 여자는 늘 불안하다. 그래서 친정을 가지만 출가외인이라며 대하는 마음이 어린 시절과는 사뭇 다르다는 것을 무의식으로 인지한다. 지금에야 호주제가 폐지되고 엄마의 성씨를 따를 수 있도록 법제화시켰다지만 그런 형식이 갖는 의미는 크지 않다. 문제는 이미 내재된 인식이다. 남자가 가족을 부양해야 하는 책임으로 불안에 시달린다면, 여자는 자기 존재를 확인할 수 없는 불안전한 정체성으로 불안하다.

그런 의미로 남자 하나 믿고 시작한 결혼생활은 여자에게 전부다. 정신적, 육체적 소속감으로 그렇다. 그런 남편에게서 불안한 어떤 상황이 연출되면 여자는 모든 것을 잃는 절망을 경험한다. 이런 불안을 경험하고 싶지 않은 여자는 한 남자만을 선택하는 불안한 상황을 만들고 싶지 않은 것이다. 나름의 안전 확보다. 하지만 우리 속담에 두 마리 토끼를 잡으려다가는 한 마리 토끼도 잡지 못한다는 말이 있다. 불안은 또 다른 불안을 야기시킨다.

🔺 **Tip for Woman's Heart**

배신을 두려워하는 사람은 최소한 배신하지 않는다.
양다리가 아닌 온몸으로 사랑할 수 있도록 믿음을 보여라.

"미친 X야"

○ ○

입에 걸레를 문 여자

Conversation ♠♥

> 야, 미친 X야. 정신이 나갔어? 왜 그따위로 운전해?
> 집구석에나 처박혀 있지 왜 나와서 돌아다녀?

뭐라고?

> 내 말이 틀렸어? 이렇게 복잡한 시간에 너 같은 XX 때문에
> 정체되고 있잖아. 운전 연습은 남들 다 잘 때나 하라고!

약해서 그런다. 육체적으로도 약하고 아는 것도 없어 두렵다.
일단 욕이라도 해야 강해 보인다. 지기 싫은 거다. 사실 다른 관점
에서 본다면 욕도 문화다. 문화라는 것이 '자연 상태에서 벗어나 일
정한 목적 또는 생활 이상을 실현하고자 사회 구성원에 의해 습득,

공유, 전달되는 행동 양식이나 생활양식의 과정 및 그 과정에서 이룩해낸 물질적·정신적 소득을 통틀어 이르는 말'이고, '의식주를 비롯해 언어, 풍습, 종교, 학문, 예술, 제도 따위를 모두 포함한다'라는 사전적 의미로 볼 때 그렇다. 욕의 기원이 농경시대에서 출발해서 지금까지 더 많이 만들어지고 사용되는 것을 보면 욕은 불편한 문화임에 틀림없다.

욕을 자세히 들여다보면 의미 없는 욕이 없고, 가치(?) 없는 욕이 없다. 나름 심오한(?) 뜻을 담고 있어서 잘 들으면 제고해야 할 부분이 상당하다. 욕의 사전적 의미는 '남의 인격을 무시하는 모욕적인 말, 부끄럽고 치욕적이고 불명예스러운 일'이라고 적시하고 있다. 정약용 선생은 《아언각비》 2권에서 '욕이란 부끄러움이고 굴욕이다. 우리나라의 풍속은 추악한 말로써 꾸짖는 것을 이름하여 욕이라고 한다'라고 했다. 전자가 욕을 듣는 사람의 입장이라면, 욕을 하는 사람 입장에서는 욕을 하는 행위를 통해 카타르시스(비극을 봄으로써 마음에 쌓여 있던 우울함, 불안감, 긴장감 따위가 해소되고 마음이 정화되는 일)를 느끼므로 긍정적(?) 측면도 있다고 볼 수도 있다.

욕은 대부분이 성과 관련되어 있는데 이는 인간이 성적 존재이기 때문이다. 우리 사회가 가진 성에 대한 부정적 인식 때문이라고 주장하는 사람도 있다. 음담패설을 만들어내는 이유가 성을 부정하고 더럽다고 생각하는 심리 때문이라고 한다. 프로이트의 주장을 수렴하면 성에 대한 부정적 심리는 심리성적 발달단계 중 가장 중요한 시기인 4~5세에 나타나는 성기기에 잘못 형성된 성격 형성이 가져온 결과라고 볼 수 있기 때문이다. 이 시기에 아이는 리비도의 초점, 쾌락의 초점이 항문에서 성기로 옮겨진다. 이 단계에서 아이는 성기를 만지거나 환상을 통해서 쾌락을 느낀다. 이 시기에 양육자의 태도에 따라 아이는 성에 대한 긍정 혹은 부정적인 관념이 형성된다. 성기를 만지는 아이를 향해 엄마는 너무나 자연스럽게 "에이, 더러워. 만지지 마!", "때찌야. 아이, 창피해" 등의 말로 조롱하고 비난한다. 이런 인식은 아이에게 성은 더럽고 부끄럽고 혼나는 부정된 행위라는 인식을 심어준다.

성과 관련된 욕 외에도 형벌이나 동물과 관련된 욕들도 많다. 김열규의 《욕, 그 카타르시스의 미학》에서는 쌍욕, 저주 욕, 악담 욕, 방귀 욕, 채찍 욕, 비아냥거림의 욕, 조롱 욕, 조소 욕, 농담 욕, 감탄사 욕, 익살 욕이 있다고 한다. 2008년 5월 11일, 온라인상에 '욕카페'가 만들어져 3년여 동안 운영됐다. 그곳에 1,291명의 회원이 가입되어 있었고, 전체 게시글은 5,127개, 총 방문자는 58,697명이 있었다. 손범규(2010)는 방송 3사의 드라마와 예능 프로에서 얼마나 많은 비속어를 사용하는지를 조사했는데 1분에 1번 이상 저속한 표현들을 쓰고 있다고 밝혔다.

지금은 그 양상이 더 심각해지고 있다. 문제는 청소년들이다. 교과부가 학생들의 언어문화 개선을 위해 제작한 다큐멘터리에서 고등학생과 중학생 4명의 학교 내 일과 중 얼마나 많은 욕을 사용하는지를 조사했다. 중학생 2명과 고등학생 2명에게 소형 녹음기를 지니게 하고 등교 이후 점심시간까지 4시간 동안의 주고받은 대화를 녹음했더니 한 명당 평균 75초에 한 번꼴, 한 시간에 49차례 욕설을 한 것으로 나타났다. 여성가족부의 조사에 따르면 청소년들의 27%만이 욕의 의미를 알고 쓴다고 밝혔다. 대부분은 뭔 말인지도 모르면서 남이 하니까 그냥 따라 한다는 말이다. 사실 욕이 사용되는 장소가 어디 학교뿐이겠는가. SNS에서 사용하는 대화의 대부분이 욕이다. 청소년들이 욕을 하는 이유는 왕따를 당하지 않으려는 심리와 함께 강해 보이고 싶은 심리가 작용한다. 그래서 더 센 욕, 더 많은 욕을 사용하고 만들어낸다. 조폭이나 깡패들도 말마다 욕이다. 그들이 만들어낸 강함(?)의 환상도 한몫한다. 욕을 해서 강해질 수 있다면 강하고 싶은 사람은 모두 욕을 할 것이다.

하지만 욕은 강한 사람이 하는 게 아니다. 약한 사람이 강한 척해 보이려고 사용하는 도구다. 정말 강한 사람은 욕이 아니라 잔잔한 미소로 상대를 제압한다. 강함은 욕에서 나오는 게 아니라 내면에서 나온다. 내면의 강함을 키우기 위해서는 모두가 하고 싶지만 누구도 하지 못하는 무엇을 가지고 있어야 가능하다. 욕을 입에 달고 사는 사람은 불쌍한 사람이고 가여운 사람이다. 욕도 습관이다. 욕 치료를 제안하는 사람도 있지만 나는 반대다. 심리를 치료하는 방법으로 욕을 사용한다는 것은 부정으로 부정을 키울 뿐이다. 순간의 욕구는 해소될지 모르지만, 그것이 치료의 효과를 내기는 어렵다. 옳지 못함은 옳지 못한 결과를 만들 뿐이다. 욕하는 여자는 욕으로 아이를 기르고 매사를 욕으로 해결하려고 든다. 욕은 욕이다. 이미 오랜 세월 수많은 심리치료 기법이 검증되어 활용되고 효과를 보고 있다. 내면의 문제를 욕으로밖에 표현하지 못한다면 시간이 좀 걸리더라도 대화의 기법을 배우는 것이 옳다.

⚠ Tip for Woman's Heart

욕이 아니더라도 상대를 이길 방법이 있다는 것을 알게 하라.
습관화된 욕을 단번에 안 하게 할 수는 없지만 줄여나갈 수는 있다.
예를 들면, 화나도 욕하지 않으면 평소에 원하던 무엇인가를
할 수 있게 해주는 방법이다.
이것은 행동요법 중에서 바람직한 행동 강화를 위한 보상으로
활용되는 토큰기법으로 심리치료에 많이 활용되고 있다.

"야, 징그러워!"
○ ○
애인이기를 거부하는 여자

Conversation

우리가 알고 지낸 세월이 3년도 넘었어.

그래서?

난 너랑 사귀고 싶어. 여자랑 남자로.

징그러워. 왜 그래? 난 그런 관계 딱 질색이야.
친구 안 할 거면 끝내.

만사가 귀찮다. 그중에 더더욱 남자와 나누는 미묘한 감정싸움
이 그렇다. 남자들이 자가당착에 빠져 자주 착각하는 것 중의 하나
다. "남자를 왜 싫어하지? 섹스가 왜 싫어?"라고 반문할 수 있지

만, 여자를 조금만 주의 깊게 살펴보면 섹스는 많은 부분 남성들의 전유물이라는 것을 알 수 있다. 물론 모든 여자가 다 그렇다는 것은 아니다. 많은 여자가 그렇다는 거다. 자주 말하고 있지만 여성호르몬인 에스트로겐은 성적 욕구를 충동시키는 호르몬이 아니다. 반면에 남성호르몬인 테스토스테론의 특징 중 하나가 성적 충동이다. 이것이 남자와 여자의 차이가 생기는 요인이 된다. 그런 의미에서 많은 남자는 이 문제가 도대체 이해되지 않을 수도 있다. 이 재미없고 지루한 세상에서 섹스보다 더 즐거운 놀이가 어디 있다고 철없는 여자가 그것을 거절하나 생각할 여지가 많다는 것이다. 이해한다. 성 속담에도 남자 치고 열 여자 마다하지 않는다는 말이 있을 지경이니 그 마음 백번 이해한다. 하지만 그것은 남자들 생각이고….

간혹 예외의 경우는 있다. 남자가 여자를 솔깃하게 할 그 무엇을 가졌다면야 딱히 성욕이 생겨서가 아니라 남자가 가진 그것을 얻기 위해서 그의 요구를 받아주는 경우가 생각보다 많다. 하지만 그것은 분명 사랑이 아니라 거래다. 거래는 관심 품목이 가치를 잃으면 끊어지는 특성이 있다. 이런 여자들의 특성을 고려한다면 남성호르몬이 급격히 늘어 갑자기 성욕이 미친 듯이 솟아나지 않고서야 바지 입었다고 무조건 좋아할 여자는 없다. 어림없다. 여기까지는 남자도 이미 알고 있거나 그럴 수 있다고 선심 쓰는 부분이다. 그런데 자주 전화도 하고 술도 마시고 여행도 가고 만나면 좋아 죽으면서도 애인은 싫단다. 이것은 무슨 심리일까? 남자들의 성적 DNA는 자기 앞에서 히죽거리며 웃는 여자는 섹스도 허용한다는 신호로, 속칭 꼬리 친다고 알고 있다. 그런데 이런 경우는 도저히 이해 불가다. 여자들이 들어도 이 지경이면 의아한 상황이다.

호나이는 신경증 발생의 주요 원인을 자본주의 사회 메커니즘에 두고, 여성의 역사적·사회적인 종속적 지위에 대해 연구한 학자다. 호나이의 주장에 따르면 여성의 열등감은 본래의 것이 아니라 습득된 것으로, 가부장적인 사회 속에서 여성이 개성을 펼쳐 나가는 것은 쉬운 일이 아니므로 여성들이 자신의 여성성을 억제해 성적으로 냉랭한 사람이 된다고 했다. 이러한 여성들은 자신이 남자이길 바라는 소망으로 여성스러움의 탈출현상이 생기는데 이는 사회와 문화적인 불이익을 경험함으로써 기인한다고 봤다. 이러한 호나이의 주장대로라면 이러한 여성은 자신이 남자의 애인이 아닌 남자와 동등한 위치에 서기를 소망하는 것일 수 있다.

통상적으로 인지하고 있는 애인 사이에서 이뤄지는 언어나 행동들은 소름 돋는 불쾌감을 주고, 그런 나약한 여자들이 한심스러워 보일 수 있다. 이런 여자들은 자기 일을 즐기며 자유롭고 활발하게 활동할 확률이 높다. 남자 못지않게 사회적인 명성을 쌓고자 하는 야망이 있고 웬만한 남자들은 거들떠보지도 않는다. 또한 지금 자신과 대적하는 사람은 그래도 어느 부분 신뢰할 만한 사람이라고 인정한 경우다. 이런 여자들은 자신의 삶을 독자적으로 만들어가기 때문에 타인에게 의존하는 것을 싫어한다. 시원시원한 성격에 그다지 막힘이 없고 삶을 관철할 수 있는 식견도 있는 경우가 많다.

남자들은 이런 여자를 경계하지만 이성으로서 매력을 느낀다. 늘 하던 대로 겁 없이 덤벼들었다가는 쇠고랑 찰 확률이 높다. 여자가 먼저 원하지 않는 한 몸을 사리는 것이 좋다. 이런 여자는 자기 표현이 확실하므로 싫다고 하면 정말 싫은 거다. 다른 여자들처럼 좋으면서 싫은 척하는 것을 못 한다. 아니 안 한다. 자기 생에 자신감이 있어서 타인의 눈치를 보지 않는다. 이런 여자는 애인이 아닌 여사친(여자 사람 친구)으로서 매력 있고, 여러모로 공유할 수 있는 장점이 많다. 옆에 있다면 놓치지 마시길.

⚠ **Tip for Woman's Heart**

여사친으로 지내는 것도 멋진 일이다.
친구의 선을 넘지 않는 정도에서
함께할 수 있는 일을 만들어 공유하라.
그러면 여자여서 보여주는 매력을 느낄 수 있을 것이다.

여자 마음 **설명서**

"이게 편해"
○ ○
혼자 사는 여자

Conversation

 시집은 안 가니?

왜 결혼하는지 모르겠어. 혼자 살아도 머리가 복잡한데
그 불편한 일을 왜 만들어? 난 싫어.

불안하지 않아?

　　인간은 혼자 살도록 태어나지 않았다. 인간의 '인' 자를 '人'으로 형상화했다는 것은 그만큼의 의미가 있을 것이다. 인간은 서로 기대어 살아야 하는 운명 같은 것이랄까. 그런 인간인 여자가 기댈 수 있는 한쪽을 포기하고 산다는 것은 무슨 이유가 있다. 우리나라 1인가구수가 750만을 넘는 현재, 혼자 사는 것이 특별한 일은 아닐 수 있다. 남자가 아닌 여자가 혼자 산다는 것은 많은 위험을 감수하는 거다. 사회적 약자인 여자는 경제적 문제와 더불어 성폭력과 함께 각종 위험에서 남자들의 공격 대상이 될 확률이 높기 때문이다. 이러한 것들은 이미 사회문제가 됐고 뾰족한 해결 방안이 없는 상황이다. 여자가 이렇게 위험한 사회에서 혼자 산다는 것은 숨기고 싶은 현실로 있는 거다. 여자에게 남자는 든든한 방패막으로서의 의미가 크다. 설령 그 남자가 나약해서 여자인 자신이 지켜줘야 할 상황이라고 해도 그렇다. 그런 남자라도 있는 것과 없는 것의 차이는 크다. 그 여자를 바라보는 사람들의 시선이 다르다.

살면서 뼈저리게 느끼게 되는 사람들의 시선이 싫어서 남자를 선택했다가 상처만 얻고 고통을 경험했다면, 여자는 차라리 위험 사회에 노출되더라도 혼자 살면서 이겨내려고 할 것이다. 이런 여자는 남자에 대한 엄청난 트라우마로 아무리 친절히 다가오는 남자가 있어도 쉽게 마음을 주지 않는다. 힘들어도 죽을 만큼 고통스러워도 더는 남자로 상처받기 싫은 거다.

굳이 그런 이유가 아니라도 여자는 원래 혼자 잘 살도록 진화됐다. 경제력만 해결된다면 혼자 사는 것이 전혀 불편하지 않다. 사람이 사는 것에 가장 중요한 것이 의식주의 문제다. 여자에게 의식주가 있으면 당연히 혼자 살 수 있다. 그것도 잘 살 수 있다. 여자는 원래 의식주의 주체자이기 때문이다. 의식주는 모두 가정이라는 울

타리에서 일어나는 것들이다. 옷 만들어 입고 밥 지어먹는 것은 원래부터 여자가 하던 일이다. 먹고사는 것이 좀 힘들면 욕심을 줄이면 될 일이다. 줄이는 것이 힘들면 힘든 만큼 노력하면 된다. 몸 누일 한 평 공간만 있으면 된다. 모계사회에서 여자는 남자보다 훨씬 강하고 우세했다. 저자가 다니던 중학교 교정 한쪽에 '여자는 약하다. 그러나 어머니는 강하다'라는 말이 새겨진 석조 모자상이 있었다. 어린 시절에는 이 말의 뜻을 몰라서 한참을 그 앞에 서 있곤 했었다. 세월이 지나 보니 이 말처럼 여자를 잘 표현한 말은 없었다.

남자는 여자가 낳았다. 남편이나 아들이나 모두 여자가 길러냈다. 닭이 먼저냐 달걀이 먼저냐 같은 논쟁거리도 되겠지만, 어찌 됐든 여자의 잉태와 출산을 거부하고는 남자의 존재가 있을 수 없다. 그런 의미에서도 여자는 남자 없이도 살 수 있다. 섹스도 남자의 본능이지 여자의 본능이 아니다. 여자는 섹스를 안 해도 사는 데 지장 없다. 속 썩이고 문제만 일으키는 철 안 든 남편이라면 혼자 사는 게 제일 편한 일이다. 더구나 여자가 자신만의 일이 있다면 괜스레 어리석은 남자를 만나 속 썩을 이유가 없다. 현대 사회에서 독신 여자가 많은 이유이기도 하다. 다만 외로움만 잘 관리할 수 있다면 문제 될 일이 없다. 사실 외로움이라는 것도 그렇다. 인간이면 모두가 다 외롭다. 혼자만 외로운 것이 아니니 슬퍼할 일도, 특별히 힘들어할 일도 아니다. 미치도록 외로워 보면 그 외로움으로 살게 된다. 외로움을 느낄 때 비로소 성장하고 성숙한다. 인간에게 외로움은 숙명이다. 그 외로움을 좀 더 인식하느냐, 회피하려고 죽도록 일에 몰두하느냐 하는 정도의 차이가 있을 뿐이다.

세상사 모든 것에 항상 본능만이 우세한 것은 아니다. 본능보다 더 위대한 것은 정신이며, 그 정신을 잘 갈무리할 수 있는 것이 이성이다. 어차피 육체는 유한한 것이고 오면 가는 것이 삶의 이치다. 하지만 번쩍이는 이성은 엄청난 인고의 세월이 필요하고 세월을 투자하는 만큼 그 값을 단단히 한다. 짐승은 죽어 가죽을 남기고 사람은 죽어 이름을 남긴다. 그런 의미에서 이성은 영원히 죽지 않는 불사조다. 혼자 살든, 둘이 살든, 여럿이 함께 살든 그것도 어쩌면 숫자 놀음에 불과한 것이다. 함께 있어도 공유할 수 있는 감정이 없다면 혼자 사는 것과 다를 바 없기 때문이다. 중요한 것은 여럿이 사느냐, 혼자 사느냐가 아니라 어떻게 사느냐 하는 문제다.

🔺 **Tip for Woman's Heart**

인생은 혼자 왔다가 혼자 가는 것이다.
때로는 친구로, 때로는 애인으로,
어느 곳에도 소속되지 않은 자유로움으로

여자 마음 설명서

"그냥 내버려둬"
○ ○
외톨이 여자

Conversation

🔺 너는 방에 들어가면 왜 나올 생각을 안 하니?
    도대체 뭐하는지 모르겠어. 뭐하는 건데?

                              별로 하는 거 없어.
                                                    🔺

🔺 그럼, 왜 그렇게 방에만 있어? 날씨도 좋잖아.
    나가서 맑은 공기도 마시고, 사람들 사는 것도 봐. 운동을 하던지.

                              귀찮아.
                                                    🔺

단절이다. 외부와의 관계에서 스스로 자신을 단절시킨다. 소통
부재에서 오는 단절이다. 우리 주변에 히키코모리(ひきこもり) 인간

은 생각보다 많다. 적은 수의 형제 관계에서부터 시작된 소통 부재는 부모와 단절이 되고, 청소년기에는 학교생활에 부적응하게 된다. 성인이 되어 직장을 얻는다고 해도 부적응으로 관계에 어려움을 겪고 끝내 사회에서 고립된다. 관계를 형성하는 것은 늘 서툴고 불편하고 어렵다.

관계한다는 것은 자신의 욕구를 타인에게 잘 표현하고 설득시키고 이해를 얻어내는 일이다. 타인의 생각을 들어주고 인정해주고 이해하는 과정에서 경험하게 되는 손해도 기꺼이 감수하는 것이다. 관계를 형성하는 것은 자신만 생각하는 이기적 행동으로는 불가하다. 관계를 형성하는 일은 오랜 연습과 학습 과정에서 얻어낼 수 있으며 불가피한 상황들에 자주 노출되어야만 가능한 어려운 일이다. 이러한 것들을 의식적으로 만들어진 환경에서 배우는 것에는 한계가 있다. 어쩔 수 없이 주어진 환경에서 자연스럽게 학습되고 익히고 훈련되는 것이 가장 이상적이다.

하지만 우리가 알다시피 현대는 이러한 불편함을 배울 수 있는 환경을 갖지 못한다. 형제는 없거나 이성으로 둘이거나, 부모는 맞벌이로 자신의 성장 과정에서 충분히 개입하지 못하거나, 개입한다고 해도 지극히 주관적인 양육형태로 주어지기 때문에 관계 형성에 대한 객관적 사례를 경험하기가 몹시 어렵다. 처음부터 혼자였기 때문에 혼자인 것이 편하고 혼자서 할 수 있는 많은 놀이를 익혀왔기 때문에 제일 익숙하게 잘해낼 수 있는 일이 혼자 하는 일이 된 것이다. 여기에 더해 부모의 일방적인 사랑은 자녀가 독단적으로 행동을 지속하도록 허용했고, 자녀의 요구사항은 대부분 받아들여지다 보니 거절에 대한 감정 처리를 배우지 못했다. 이런 많은 이유는 더욱 혼자이도록 만들고 혼자가 편하다는 인식을 만들기에 충분했다.

특히 온라인 게임이나 SNS, 스마트폰의 역할이 매우 큰 영향을 줬다. 지루할 겨를 없이 업그레이드되는 수많은 게임은 혼자 있는 시간을 늘려주는 주범이 됐다. 혼술혼밥이 일상인 요즘, 혼자 하는 일에 힘을 싣고 합리화하는 상황이다. 아무도 없는 곳에서 혼자 밥 먹고 혼자 술 먹는 것은 어차피 아무도 보지 않으니 그다지 심적 부담이 적다. 하지만 많은 사람이 있는 식당이나 술집에서 혼자 밥 먹고 술 먹는 것은 왠지 외톨이 같은 느낌이 들어 한쪽 구석에서 먹거나 선뜻 용기를 내지 못했던 것이 사실이다. 함께해야 한다는 당연함에서 오는 소외감으로 위축됐던 심리 때문에 불편해도 동행했어야 했던 부분도 분명히 있었다. 그래서 더욱 관계를 형성하기 위해 노력했고 어울려 먹고 마시는 자리를 만들었다.

하지만 이제는 정말 '혼자여도 괜찮아!'라는 말에 힘을 실어주는 시대가 됐다. 불편한 일은 굳이 참아가며 만들지 않겠다는 거다. 이렇게 변화하는 사회현상은 더더욱 혼자 할 수 있는 일들을 찾아 나서는 결과를 초래한다. 그럼으로써 여러 명이 함께하는 일은 원래 잘하지 못했지만 더욱 못하게 되고 어색하고 잘 모르는 일이 되어

가고 있다. 혹여 용기를 내어 함께한다고 해도 여지없이 부딪히는 감정적 충돌은 불편하고 불쾌해서 얼마 가지 못한다. 그 문제가 해결해나가고 견뎌내야 하는 일로 남는 게 아니라 회피하고 단절해버리는 것으로 종료시켜버리는 결과를 만든다.

이런 많은 요소가 현대인들을 더욱 혼자 있게 만든다. 혼자 있으면 그 누구도 자신의 감정을 불편하게 하지 않는다. 좀 못한다고 질책하거나 흉보는 사람도 없고 못 하는 것을 잘하려고 애쓸 필요도 없어서 잘해도 못해도 아무 문제가 되지 않는다. 온라인에서 만나는 사람은 어차피 알지 못하는 사람이어서 욕을 하거나 화를 내도 전원만 꺼버리면 사라지니 그 또한 문제가 되지 않는다. 감정을 이해시킬 이유도 없고 타인의 감정을 이해하려고 귀찮은 노력을 하지 않아도 된다. 그래서 현대인들은 온라인 게임에 빠지고 얼굴을 보는 것보다는 전화로, 메시지로 자기 뜻을 전달하는 것이 편하다. 마음에 안 들면 탈퇴하거나 차단해버리면 관계는 쉽게 끊어지기 때문이다.

히키코모리는 1970년대부터 1990년대 중반에 은둔형 외톨이들이 나타나면서 제일 먼저 일본에서 사회문제로 떠오른 용어다. '틀어박히다'라는 뜻의 일본어 '히키코모루(ひきこもる)'의 명사형으로 사회생활에 적응하지 못하고 집안에만 틀어박혀 사는 사람들을 말한다. 1990년대 말부터 한국에서 나타나기 시작한 '방콕족(방 안에 틀어박혀 사는 사람들)'과 증상이 비슷하다. 이들은 외부 세계와 단절된

채 생활한다는 공통점을 가지고 있다.

대표적인 증상으로는 사람들과의 대화를 꺼리고 낮에는 자고 밤에 일어나 텔레비전을 보거나 인터넷에 몰두한다. 자기혐오나 상실감 또는 우울증 증상을 보이기도 하고 부모에게 응석을 부리거나 폭력을 행사하기도 한다. 일종의 망상장애(Delusional Disorder)적 성향을 보인다. 이런 사람은 어린 시절 양육과정에서 경험된 부정(Negation, 어떤 일이나 그러한 양태를 성립시키지 않게 하려는 의지, 또 어떤 판단이나 명제를 거짓이라 하는 이성적 행위)이나 사회생활에서 경험된 극심한 부인(Denial, 특정 사건이 지닌 의미 일부분 또는 전체를 무의식적으로 부인하려고 하는 원시적 방어기제)이 원인일 수 있다. 자아 존중감(Self-Esteem, 자기 자신을 가치 있고 긍정적인 존재로 평가하는 개념)이 낮은 사람들의 특성이다.

부모의 강압적인 양육 태도는 아이에게 자신감을 상실하게 하고 자신을 쓸모없는 인간으로 인식하게 한다. 가족 내 폭력도 한 원인이 될 수 있다. 그것은 심리적, 언어적, 신체적 폭력 혹은 방임들이다. 이러한 경험은 아이가 무엇인가를 결정해야 하는 상황에 부닥치게 되면, 심한 실패나 비난에 대한 불안을 경험하게 되고, 시도한 일에 대한 실패의 경험은 결국 소통을 단절하게 된다.

흐르지 않으면 썩는다. 고인 물이 썩듯이 마음에 남은 감정들은 이해되고 해소되어야 한다. 그렇지 않으면 어떤 형태로든 반드시 분출된다. 자기 비하나 혐오, 타인을 향한 분노가 그것이다. 특히 자신을 감금하고 옥죄이고 활동을 금지하는 것은 분노가 자신에게 향했기 때문이다.

마치 마조히즘(Masochism, 이성으로부터 육체적 또는 정신적으로 학대받고 고통받음으로써 성적 만족을 느끼는 병적인 심리상태)처럼 자신을 학대(감금)해서 쾌락을 느끼는 거다. 혼자 있을 때 가장 편안하다고 느끼며 전혀 답답해하지 않는다. 그러한 자신의 상황을 즐긴다. 이런 사람은 자기 잠금을 통해 이러한 현실에 놓일 수밖에 없는 자신을 이해하고 용서하고 수용한다.

인간은 더불어 살아가는 것이 원칙이다. 혼자서 살 수 없는 것이 인간이다. 인간이어서 할 수 있는 많은 일은 대부분이 함께하는 일들에 있다. 관계 맺기는 절대 쉽지 않은 일이다. 하지만 쉽지 않기 때문에 가치 있고 그래서 얻어낼 수 있는 많은 것들이 있다.

온실 속 화초처럼 자식을 가두고 보호하는 것은 자식을 사회로부터 단절시키는 행위이며 단절되어 살아가는 것을 교육하는 행위다. 좀 더 넓은 곳에서 더 많은 기회를 잡기 위해서는 부딪히고 깨지는 경험을 해야 한다. 그렇다고 해서 세상 모든 사람과 다 잘 협력하며 지낼 수는 없다. 어차피 자신의 성향과 맞는 사람으로 관계가 축소될 수밖에 없다. 하지만 혼자는 아닌 것이다.

작은 것을 나누고 도움을 주고받고 협력해서 무엇인가를 이뤄가는 과정에서 인간은 존재감을 느끼고 자존감을 회복한다. 그때 비로소 가치를 깨닫게 되고 살아야 할 이유를 찾게 된다. 인간은 그런 과정을 사는 것을 두고 '삶'이라고 한다. 외톨이로 외부와 차단되어 혼자만의 세계에 갇혀 사는 것을 병으로 보는 이유다.

🔺 Tip for Woman's Heart

원인 없는 결과는 없다. 치료가 필요하다.
의지와는 상관없이 형성된 불편한 인식으로 그녀도 피해자다.
작은 일부터 함께하면서 용기를 주고 칭찬해주라.

"사랑하니까"

○ ○

사랑을 아는 여자

Conversation

너는 남자가 한동안 연락이 없어도 불안하지 않아?

안 불안해.

정말? 왜? 난 몇 시간만 연락이 안 되도 불안해.
마음이 변했나 걱정도 되고.

바쁜 모양이지. 나도 자주 연락하지 않는데,
뭐. 우리는 피차 그렇게 알아.
서로 편하게 만나고 바쁘면 서로 기다려줘.

    사랑이 무엇이며 사랑을 어떻게 해야 하는지 아는 여자다. 사
랑처럼 흔한 것도 없고 사랑만큼 어려운 것도 없다. 지젝은 '쾌락의

완성은 사랑'이라고 했다. 나도 이 주장에 전적으로 동의한다. 인간은 사랑으로 태어나고 사랑으로 살다가 사랑으로 돌아간다. 부부의 사랑은 섹스를 통해 사랑의 결정체인 자식을 낳고 둘의 사랑을 확인하면서 자식을 기르고 자식은 그 사랑을 통해 성장한다. 아이는 그렇게 받은 사랑으로 자신의 욕망을 성취하고 나눔으로써 우리의 인식체계인 '상징계(자크 라캉이 사용한 용어로 단순하게는 언어 그 자체와 언어를 본떠 구조화된 상징체계라고 생각되는 문화의 모든 영역)'에 드러낸다. 그렇게 자신에게 주어진 재능을 발휘하는 과정에서 서로 사랑하고 받으며 살다가 결국 사랑이 시작된 그곳으로 돌아가는 것이 인생의 완성이다.

하지만 사실 사랑은 그 어떤 것으로 단정되지 않고 넓은 의미로 사랑하고 있는 그 자체가 사랑이다. 이런 사랑을 아는 여자는 자신은 물론 타인도 구속하지 않는다. 자신이 속한 모든 세계와 걸림 없이 교류하며 자신의 가치관을 형성해나간다. 사랑은 인간 삶의 전부다. 사랑을 위해 인간이 존재한다. 사랑받기 위해 행동하고 사랑하기 위해 선택한다. 그렇지만 사랑은 그리 호락호락하게 자기 품을 내어주지 않는다. 사랑하기 위해 아픔을 참아내야 하고 사랑받기 위해 어려움을 견뎌내야 한다. 그러다 보니 원하는 사랑은 얻지 못하고 원망과 슬픔만 남기도 한다. 사랑을 위해 노력한 것이 결국 사랑을 잃어버리는 결과를 만들어내기도 하는 것이다. 이것이 삶이고 현실이다. 현실이 자꾸만 원하는 방향이 아닌 곳으로 이끄는 것은 인간이 생을 끝날 때까지 풀어야 할 과제다. 그것은 아마도 욕심일 것이라는 생각이다. 사랑은 욕심과 대비된다. 사랑하기 위해서는 비움이 필요하다. 자기 것을 채우고 타인을 사랑할 수는 없다. 사랑은 자신은 물론 타인까지도 성장시킬 수 있어야 한다.

그 무엇을 향한 사랑이든 이 사랑에는 '더불어'라는 용어가 수용되어야 가능하다. 이런 사람은 타인과의 갈등에 대처하는 방법을 알고 자기 내면의 욕구를 다룰 줄 안다. 사회가 나아가야 할 길을 제안할 줄도 안다. 자신의 부족함도 알고 수정하기 위해 끊임없이 노력하는 사람이다. 사랑은 그런 것이다. 사랑을 향하여!

🔺 Tip for Woman's Heart

사랑받고 싶다면 먼저 사랑이 되어야 한다.
끊임없이 노력하는 사람은 사랑을 얻을 수 있다.
완성된 사람이 아니다. 부족함을 아는 사람이다.
그런 사람이 그런 사람을 사랑할 줄 안다.

여자 마음 설명서

"생각해보겠습니다"
○ ○
현명한 여자

Conversation

결정하시겠어요?

좀 생각해보고 결정하겠습니다.

이 물건은 또 만나기 힘든 물건입니다.
선택하셔도 후회하지 않으실 겁니다.

네, 알겠습니다. 하지만 시간을 주세요.
비교 견적도 필요하니까요.
가부를 결정해서 곧 연락드리겠습니다.

'현명하다'의 사전적 의미는 '어질고 슬기로워 사리에 밝은 것'
이다. '어질다'는 '마음이 너그럽고 착하며 슬기롭고 덕행이 높은 것'이고, '슬기롭다'는 '영민하다, 좋다, 총명하다'라는 유의어를 갖고 있으며, '사리에 밝다'는 '일의 이치에 밝다'는 의미를 갖고 있다. 하나의 형용사가 가진 의미가 이처럼 많다. 이렇게 우리가 자주 쓰는 말의 의미를 낱낱이 분석해보는 것은 행동을 분명히 하기 위해 중요한 작업이다. 단어의 의미를 명확히 알고 있다는 것은 행동도 그에 걸맞게 분명히 할 가능성이 크기 때문이다. 현명한 여자는 그런 여자다. 그렇게 어질고, 그렇게 슬기로우며, 그렇게 사리에 밝은 여자다. 예쁜 여자, 착한 여자, 좋은 여자와는 비교가 안 되는 것이 현명한 여자다.

사람들은 예로부터 현명한 여자를 얻고 싶어 했다. 현명한 여자는 어떤 상황을 만나도 처지에 맞게 잘 처세할 것이라는 기대가 있다. 현대에는 현명한 여자를 기대하지 않는다. 일상에서 자주 거론되지 않는 것을 보면 그렇다. 현명한 여자가 거의 없기도 하고 어쩌면 현실과 괴리감이 있는 것처럼 느껴지기 때문이기도 하다. 현명한 사람이 되려면 마음공부, 글공부, 사회관계 공부를 두루두루 많이 해야 한다. 바삐 돌아가는 현실에서 이룰 수 없는 소망이다. 어쩌면 그렇다.

자장이 공자에게 현명함에 관해 물었다. 공자가 답하기를 "서서히 스며드는 참소와 절박하게 말하는 하소연이 행해지지 않으며 가히 고명하다고 이를 만하다"라고 했다. 현명한 사람은 자기 성찰을 통해 뚜렷한 가치관을 가진 사람이다. 함부로 타인을 평가하지 않고, 사사로이 감정에 휩쓸리지 않고, 자신의 욕구만을 내세우지 않으며, 대의를 위해서 희생할 수 있는 사람이다. 그것이 비단 나라를 위한 일이 아니더라도 가족 내의 갈등이나 욕구가 생겼을 때, 개인의 뜻보다는 가족 전체를 생각해서 상황과 처지에 맞게 대처하는 능력이 있다. 무조건 희생하지 않고 가족 전체를 잘 아우를 수 있는 여자다. 사회의 여러 기능을 두루 살피며 대상(Object, 주체에 대응되는 개념으로서 주체의 물질적 활동이나 인식활동이 지향하는 것)에 대한 바른 인식을 하는 사람이다. 예쁜 여자는 자꾸 보면 예쁘다는 생각이 무뎌져서 어느 시점이 되면 평범하게 보인다. 착한 여자는 자기 주관이 없고 이웃에게 맥락 없이 베풀고 싶어도 싫다고 표현하지 못해서 보고 있으면 답답하다. 좋은 여자는 옳고 그름에 대한 분명한 판단 능력이 있지만, 필요에 따라서는 타인을 위해서 어느 정도 손실을 감수하기도 하며 자기 이익을 나눌 수 있는 사람이다.

여자들은 똑똑한 여자라는 소리를 듣고 싶어 한다. 매사에 옳고 그름을 따져 손해를 보지 않으려 하고 분명하고 확실한 것을 선호하기 때문에 그냥 넘어가는 일이 없다. 일 처리도 확실하게 하고 타인에게 실수나 불편함을 끼치지 않는다. 어쩌면 현대인의 자화상이다. 어떤 사람이 될 것인지는 스스로가 결정할 일이다. 하지만 원한다고 무엇이든 쉽게 얻어지는 것은 아니다. 원하는 것을 얻기 위해 부단히 노력해야 한다. 막연히 타인을 시기하거나 질투하지 말고 그가 지금의 모습이 되기 위한 과정이 어떠했을지를 눈여겨볼

일이다. 개인이 무엇을 선택하든 그럼에도 불구하고 그것의 가치가
충분하다면 노력해볼 가치가 있다. 최선을 다해서!

⚠ Tip for Woman's Heart

현명한 여자는 겪어보면 안다.
문제는 남자 자신도 현명해야 한다는 것이다.
그것을 볼 눈이 없다면 앞에 있어도 알지 못한다.

여자 마음 **설명서**

"자존심 상해 죽겠어"
○ ○
성 희 롱 을 당 한 여 자

Conversation

넌 네가 얼마나 예쁜지 알아?

무슨 말씀이신지….

너 정말 예뻐. 가슴도 엉덩이도 평균 이상이야. 몰랐어?
다리도 쭉쭉 뻗어서 환상적이야.

부장님….

수치심이다. 감정으로 있어서 딱히 보여줄 수 없다. 차라리 눈
에 보이는 악한 일이라면 내놓고 신고할 수 있겠지만, 성희롱은 감
정의 문제라서 그 잣대가 확실하지 않다. 분명히 수치를 당하고도

이것이 수치인지 아닌지, 이 문제에 대해 문제화시켜야 하는지 아닌지에 대한 갈등이 생긴다. 그러다 보니 성희롱은 성폭력 중에서 여성들이 가장 많이 노출된 범죄임에도 불구하고 신고되지 않고 상처로만 남는 경우가 대부분이다. 성희롱도 성폭력에 포함되는 개념으로 상대방의 의사와 무관하게 성적인 수치심을 느끼게 하는 말이나 행동으로 상대방을 괴롭히는 일체의 행위를 말한다.

성희롱의 역사는 인류사와 함께했으나 약자로 있던 여자들은 이 문제를 거론하지 못했고 20세기 후반부터 사회문제로 인식되어 관심을 갖게 됐다. 성희롱에 관해 미국에서는 1976년에 거론되기 시작했고, 영국은 1980년대 초에 언급되기 시작했다. 대한민국에서는 1980년대에 성희롱, 성적 모욕, 성적 성가심 따위의 용어로 쓰이기 시작했고 1995년에 제정된 '여성발전 기본법'에 성희롱이라는 용어가 처음 등장하면서 일반적으로 회자되기 시작했다. 대한민국 여성발전 기본법, 국가인권위원회법 등을 보면 성희롱이란 '업무, 고용, 지위를 이용하거나 업무 등과 관련해 성욕에 관계되는 언동(言動)으로 상대방에게 성욕에 관계되는 굴욕이나 혐오를 느끼게 하는 행위, 상대방이 성욕에 관계되는 언동이나 기타 요구 등에 따르지 아니하였다는 이유로 고용상 불이익을 주는 행위를 말한다'라고 쓰여 있다.

성희롱은 과거에도 너무나 빈번히 만연하게 일어나던 일이었다. 그때는 그것이 성희롱인지도 알지 못했던 시절이었다. 기분 나쁘고 수치스러웠지만 여자인 죄로 참고 살아야 했던 아픈 기억들로 남아 있을 뿐이다. 다행스럽게도 이러한 것들이 법제화됐다는 것은 참으로 반가운 일이다. 하지만 여전히 많은 곳에서 피해자가 발생하고 있고 아직도 여자는 약자로 있다. 남자의 못된 언행에 속상해서 신고하거나 고소하면 부정적인 눈초리를 받는 쪽은 여전히 여자인 경우가 많다. "조용히 살지. 너만 당하는 일 아니다. 돈 벌려면 참아"라는 인식은 지금도 남아 있고 부당함이 변함없이 존재한다. 이런 인식이 변하지 않는 한 여자는 약자와 피해자로 억울한 가슴을 안고 살 수밖에 없다. 여자의 적은 여자라는 말이 있듯이 같은 여성이 피해 여성을 두 번 죽이는 행동을 하는 경우도 많다. 자신도 당했다며 가만 있으라는 말은 피해 여성을 더욱 주저하게 하고 아픈 가슴에 또 한 번 상처를 만든다.

또한 사회가 변화하면서 여성의 지위가 올라가자 남자에게 성희롱하는 여자 상사들도 많아졌다. 나도 당했으니 너도 당해보라는 식이다. 지나가며 엉덩이를 두드리거나 머리를 쓰다듬기도 하는 일들이 생각보다 자주 일어난다. 불편해하는 기색을 보이면 "내 남동생 같아서 그래. 여자들 좀 있겠어?" 등의 말을 거리낌 없이 하고 가슴을 만지거나 팔을 만지면서 "힘 좀 쓰겠네. 여자 친구가 좋아하겠어"라고 말하기도 한다. 속이 상해서 남성 동료들이나 친구들에게 말하면 "사내자식이 뭐 그런 일로 그래? 야, 솔직히 말해봐. 좋지?" 등의 말을 듣게 된다. 그러다 보니 남성 피해자는 신고는 엄두도 못 내고 고소하는 일은 거의 없다. 어쩌면 남성 입장에서 당하는 굴욕감이라는 것은 여자 못지않거나 가부장적 인식으로 더 큰 모욕감을 느끼고 있지만 남자라는 이유로 속을 끓이는 피해자들이 계속 늘어나고 있다.

성희롱에 해당하는 말은 생각보다 그 범위가 넓다. 노동부는 남녀차별금지법을 근거로 1999년 성희롱 행위 예시집을 내면서 '음란한 농담이나 언사, 외모에 대한 성적인 비유나 평가, 원하지 않는 신체접촉, 회식 야유회 자리에서 옆에 앉히거나 술을 따르도록 강요하는 행위' 등을 성희롱으로 간주했다. 사람들은 "그럼 무슨 말을 하냐?"며 반문한다. 하지만 착각하지 마시라. 직장은 일하기 위해 모인 집단이니 그 일과 관련된 사실만 가지고 칭찬하거나 요구하면 된다. 사적이고 개인적인 감정을 건드릴 수 있는 말은 하지 않으면 된다. 지극히 사적인 부분에 해당하는 말은 대부분 성희롱에 해당한다. 예를 들어 직장 여성에게 "너 살림은 잘하냐? 네 남편은 너 좋아해?" 등의 말이나 직장 남성에게 "그래서 힘이나 쓰겠어?" 식의 말도 해당한다.

많은 사람이 성희롱의 범위에 대한 인식이 불분명하다. 실제로 성희롱 가해자 중에는 그런 말이 성희롱인지 몰랐다고 반응하는 사람들이 많다. 실제로 인식하지 못했을 수도 있다. 너무나 오랜 세월 일상에서 공공연하게 하던 말이기 때문에 그 말의 위험성을 알지 못하는 거다. 그러니 정말 걱정이 되어 하는 말이라도 하지 않는 것이 좋다. 서열이 정해져 있는 이상 아래 위치에 있는 사람은 그 말들이 그저 순수하게 들리지 않는다. 실제로 사적인 술자리에서도 선배라고, 형이라고 해준 말에 상처받고 오해하는 경우를 자주 경험한다. 상하계급 자체가 이미 그 사람의 자존심을 대변하기 때문에 윗사람으로 있다면 한 번 더 말에 신경을 쓰고 가려서 해야 한다. 그것이 배려고 존중이다.

상사가 아랫사람을 함부로 해도 되는 시대는 지났다. 사장이기 때문에 직원들에게 폭언해도 괜찮은 시절은 끝났다. 아직도 그런 습관을 버리지 못하고 있다면 자성해야 한다. 자신이 내뱉는 그 말에 상처받는 사람이 있고, 그 상처는 반드시 다른 형태로 되돌아가게 되어 있다. 만약에 개인의 자존심을 무너뜨리려는 의도로 이런 행위를 했다면 반드시 처벌받아야 한다. 성희롱은 피해자가 사업주에게 가해자에 대한 부서전환과 징계 등의 조치를 요구할 수 있고, 성희롱 가해자를 대상으로 손해배상을 청구할 수 있다. 이런 절차를 진행하기 위해서는 그러한 행위가 있었다는 증거를 남겨야 한다. 언어적 성희롱에 대해서는 녹음을 하고 행위적 성희롱에 대해서는 동영상을 남겨야 한다. 대부분의 기업에서는 최소 한 번은 성희롱예방교육을 받도록 법제화되어 있다. 문제는 이런 교육을 성희롱 가해자가 될 수 있는 임원들은 듣지 않고 대부분 피해자일 수 있는 아래 직원들만 듣는다는 것이다.

정신을 차리지 않으면 평생 쌓았던 공든 탑이 순식간에 무너질 수 있다는 것을 명심해야 한다. 언어는 속일 수 있어도 감정은 속일 수 없다. 그래서 성폭력은 가해자 위주가 아니라 피해자 위주로 그 죄를 묻는 것이다. 이 문제는 인류와 함께 너무나 오랜 세월 인간의 무의식으로 내재되어 있어서 그에 상응하는 시간이 필요하다. 하지만 이미 인식되기 시작했으니 죽기 살기로 고쳐야 한다. 노력해서 안 될 일은 없다. 하루라도 빨리 정착되어야 할 문화다. 하늘 아래 구별될 인간은 없다.

🔺 Tip for Woman's Heart

성희롱은 자존감을 말살하는 행위다.
위로해주고 상처받은 마음을 다독여주라.
상처를 보상받을 수 있도록 응징하는 일에 협력해주라.

여자 마음 **설명서**

"그 사람도 불쌍해요"

○ ○

가정폭력에 시달리는 여자

Conversation

왜 이혼 안 하세요? 어떻게 살아요?

> 불쌍해서요. 그 사람 알고 보면 착한 사람이에요.
> 처음엔 안 그랬어요. 일이 잘 안 되어서….

그렇다고 사람을 때려요? 맞고 사시는 거 괜찮으세요?

> 참아야지요. 어쩔 수 없어요.
> 저 없으면 저 사람 아무것도 못 해요.

　가정폭력(家庭暴力, Domestic Violence)은 부모, 배우자, 자식, 형제자매, 친척, 사실혼 관계에 있는 사람 등을 대상으로 행해지는 폭력을 말한다. 가족 구성원이나 근친에게 행하는 폭력적인 행위 또는 폭력에 의해 지배하는 행위 전반을 일컫는다. 가정폭력은 분명한 범죄로 폭행죄 중 하나다. 사회적 지위 등이 높은 사람이 낮은 위치에 있는 사람에게 가하는 경우가 많다. 폭언, 무시, 모욕과 같은 언어적 폭력으로 기분을 상하게 하는 것과 더불어 직접 때리지는 않았으나 때리려고 위협을 하거나 물건을 던지거나 부수는 것도 정서적인 학대에 포함된다. 상대방을 고립시키고 의심하는 행위를 하거나 필요한 사항이 있음에도 불구하고 아무런 조치를 하지 않는 방임적 행위도 해당된다.

폭력의 행위를 구체적으로 살펴보면 신체적 학대(주먹으로 얼굴 또는 머리를 때림, 발로 참, 밀침, 머리를 잡아당김, 짓누름, 목을 조름, 물건으로 때림, 물건을 부숨, 끓는 물이나 찬물 뿌림, 담뱃불 들이댐, 침을 뱉음, 방에 가둠, 다쳤는데도 병원에 보내지 않음, 그 밖의 일방적인 폭력 행위), 언어적 학대(욕설, 폄훼하는 발언, 비방하고 다니는 행위, 허위사실을 유포하는 행위, 협박하는 행위), 정신적 학대(무시함, 일거수일투족 감시, 애완동물을 학대하는 등 스트레스가 되는 행위를 되풀이하는 행위), 성적 학대(성교의 강요, 피임하지 않음, 특별한 행위를 강요함, 강간, 낙태 찬성자들은 낙태를 시키지 않는 행위까지 포함)와 같은 것들이다.

우리나라에서는 2011년 11월에 '부부 강간죄'를 인정한 판결이 있었다. 그 내용으로는 경제적 학대(직업을 갖지 못하게 함, 생활비를 주지 않음, 지출한 내용을 세세히 검사함, 집안의 돈을 동의 없이 가지고 나감, 무계획한 빚을 되풀이해서 내는 행위), 사회적 격리(친가나 친구들로부터 격려함, 전화나 편지의 발신자 및 내용을 집요하게 캐물음, 외출을 방해하는 행위)가 해당했다.

가정폭력은 생각하는 것보다 그 범위가 넓고, 사실상 가정에서 빈번하게 일어나는 많은 부분이 가정폭력이라고 충분히 인지하지 못하는 것이 사실이다. 원래 그 사람 성격이겠지, 자신이 능력이 없어서 못나서 남편이 그렇게 행동한다고 생각하며 자식을 위해 참고 사는 여자들이 너무나 많다. 과거부터 현대까지 여성의 인권은 없었다. 능력이 인정받는 현실에서 가사에 도움을 주지 못하는 여성은 더욱더 가혹한 폭력에 노출된다.

인간은 환경에 적응하는 동물이다. 그 적응 속도는 생각보다 빠르고 쉽게 훈련된다. 거기에 너무나 아이러니하게도 반복되는 행위에 대해서는 면역이 생긴다. 그것이 좋은 것이든 나쁜 것이든 그렇다. 인간의 이런 특징은 살아남기 전략의 하나다. 강자에게 굴복하고 고통을 줄이는 방법을 찾는 것에 아주 익숙하다. 처음 당하는 고통은 죽을 만큼 힘들지만 그 일이 반복되면 고통은 면역되어 더 강한 고통이 아니면 금방 적응해버린다. 좋은 의도를 갖고 한 말이겠지만 우리가 아는 말 중에 피할 수 없으면 즐기라는 말이 있다. 고통을 즐길 수는 없겠지만 피할 수 없기 때문에 가능한 한 빨리 지나가길 바란다. 이런 생각은 불안을 만들고, 강박을 만들고, 끝내는 무기력한 존재가 되도록 만든다. 저항할 수 없다고 생각하고 자신을 학대하도록 방치한다. 더 무서운 것은 자신은 그렇게 맞아야 하고 맞는 것이 옳은 일이라고 생각한다는 점이다. 무서운 자기 암시다. 이것은 반복된 폭행으로 인해 자신을 어찌할 수 없는 지경으로 내몰은 자신에 대한 또 다른 학대다.

이처럼 맞고 사는 여성 중에는 어린 시절 부모의 학대에 시달렸던 경험이 있는 경우가 많다. 어린 시절 아버지의 폭력에 어머니도 아무 방비 없이 맞는 것을 보고 자랐거나 그런 폭력에 자신도 피해자로 있었을 확률이 높다. 폭력이 나쁜 것임을 분명히 알지만, 또한 폭력은 어쩔 수 없이 그냥 감당해야 하는 자신의 몫이라는 생각이 내재한 것이다. 자신보다 더 나이가 많은 어머니도 아버지의 폭력에 아무런 대응을 못 했는데 자신인들 어찌하겠느냐는 자포자기인 것이다. 그런 아버지는 도저히 저항할 수 없는 엄청난 산의 이미지로 잠재되어 있다. 그런 아버지의 모습을 한 남편의 폭력에 저항하는 것은 애초에 불가능한 일이라는 생각이다. 참으로 가슴 아픈 일이다.

한국여성정책연구원에 따르면 가정폭력 피해자는 2009년 기준 368만 명이며, 생명에 위협을 받는 여성은 50만 명에 달하는 것으로 조사됐다. 2011년 5월 우리나라의 가정폭력은 영국이나 일본보다 5배나 많은 것으로 나타났다. 가정폭력을 부부싸움의 연장선으로 가볍게 여기거나 배우자를 소유물로 생각하는 인식 때문이다. 가정폭력 피해자의 절반 가까이가 10년 넘게 가정폭력에 시달렸다고 호소했지만, 이 가운데 7.9%만 별거나 이혼을 택했을 뿐 대부분은 그저 참고 사는 것으로 나타났다. 가정폭력 피해자인 것에는 그만한 이유가 있을 것이라는 사회적 편견이 신고를 막는 걸림돌로 작용했다.

2010년에 여성가족부가 전국 3,800여 가구를 상대로 조사한 '전국 가정폭력 실태' 결과에 따르면 부부 폭력률은 53.8%에 달하지만, 이 중에서 경찰에 도움을 요청한 경우는 8.3%에 불과했다. 그 중에서도 출동은 했으나 '집안일이니 서로 잘 해결할 테니까 돌아가라'고 한 경우가 50.5%, '집안일이니 둘이서 잘 해결하라'며 출동하지 않은 경우가 17.7% 등으로 68.2%가 별다른 조치를 받지 못한 것으로 나타났다. 이 조사에 따르면 부부폭력 피해를 경험한 여성의 62.7%는 외부에 도움을 요청하지 않았다. 그 이유로는 '폭력이 심각하지 않다고 생각해서(29.1%)', '집안일이 알려지는 것이 창피해서(26.1%)', '배우자를 신고할 수 없어서(14.1%)', '자녀 때문에(10.9%)' 등의 순이었다.

2012년 4월 27일, 여성가족부는 '가정폭력 방지 및 피해자 보호 등에 관한 법률'이 개정되어 가해자가 문을 열어주지 않아도 경찰이 상황을 판단해 현장에 들어가 조사한 후, 적절한 대처를 할 수 있게 됐다는 내용의 보도 자료를 내었다. 이 개정안에 따르면 가정폭력 사건 신고를 받고 현장에 출동한 경찰은 사건 현장에 출입해 피해자의 안전을 확보하고 폭력 피해 상태 등을 조사해 더욱 적극적으로 응급조치를 할 수 있게 됐는데, 2011년 12월 30일에 국회를 통과한 이 법은 2012년 5월 2일부터 시행됐다. 여성가족부는 "경찰의 현장 출입·조사권은 2012년 10월에 도입된 경찰의 긴급 임시조치권과 법원의 피해자 보호명령제와 함께 가정폭력에 대한 경찰의 개입이 한층 강화되어 피해자의 인권을 확보하고 사건 초기 피해자를 보호하는 데 크게 기여할 것"이라고 했다.

앞에서 말한 것처럼 가정폭력에 오랜 시간 노출된 피해자는 자신이 알아서 스스로 문제를 해결할 수 없다. 외부의 도움이 반드시 필요하며 교정으로 폭력을 멈출 수 없다는 것을 인식해야 한다. 폭력은 습관이며 가해자 내부에 있는 심리적 트라우마에 의한 충동이다. 그러므로 심리적 트라우마가 충분히 해소되지 않고서는 폭력을 조절하기는 어렵다. 그것은 시간이 많이 필요한 일이며 폭력의 대상이 되는 부인이나 아이들과는 반드시 격리되어야 한다. 그들을 보면 지속적으로 가해자 내부의 폭력성이 올라올 것이다. 가해자는 자신의 폭력성을 가족이 원인이라고 생각하기 때문이다.

심리적 측면에서 본다면 가해자도 피해자다. 어린 시절 양육가정에서 받은 많은 상처가 아버지라는 힘을 얻는 순간 폭력의 형태로 나타나기 때문이다. 해소되지 못한 감정은 자신은 물론 자기 가족과 이웃을 해치는 엄청난 무기로 작동한다는 것을 간과해서는 안된다. 심리치료를 통해 하루라도 빨리 용기를 내어 자신의 내면과 만나는 일을 시작해야 한다. 그것은 생각지 못한 상처를 낱낱이 드러내는 작업이겠지만, 자신을 위해서라도 그런 심리치료 작업은 반

드시 수행해야 한다. 폭력은 어떤 경우에도, 어떠한 형태로도, 이해
될 수도, 미화될 수도 없다.

▲ Tip for Woman's Heart

사회의 기본 단위인 가정은 인격이 완성되는 토대다.
내재한 폭력성은 반드시 밖으로 나오게 된다.
마치 용암이 적정 온도를 넘어서면 폭발하듯이
조건이 맞아떨어지면 폭력은 자행된다.
여자의 폭력도 있지만, 힘의 논리에 의해서 남자의 폭력이 우세하다.
여자를 만나기 전에 자신의 폭력성부터 치료받아야 한다.
가정은 그 후에 꾸려도 늦지 않다.
이미 가정을 꾸렸다면 가능한 한 빨리 치료를 받도록 하라.
자신의 폭력성을 대수롭지 않게 여기면 안 된다.
혹시 폭력에 시달리는 여자를 만나면 빨리 격리 조치시키고
심리치료를 통해 트라우마를 해소할 수 있도록 도와주라.

"애들을 위해 참아"

○ ○

기러기 남편을 만든 여자

Conversation 🔺🔻

🔻
나 혼자 어떻게 살아?

모두 그렇게 살아. 애들을 위한 일이잖아. 그것도 못 참아?
평생도 아니고 4년이면 돼.
🔺

🔻
돈도 많이 들 텐데….

당신이 좀 더 열심히 벌어.
부모로서 마땅히 해야 할 일이야.
🔺

사람이 기러기와 비유된다는 것 자체가 잘못된 선택을 의미한다. 이 문제는 결코 긍정적 의미로 해석되지 않는다. 부정적 의미다. 부정적 의미가 있는 일은 부정적 결과를 만드는 것이 당연하다. 현대에는 해체가족이라는 말조차도 무색할 만큼 너무나 많은 가정이 과거의 형태를 살고 있지 않다. 대가족의 형태를 사는 가정이 이상한 일이고 이해가 되지 않는 어색한 형태가 되어버린 지 오래다. 그만큼 해체가족이라는 말은 이제 우리 사회 전반의 보편적인 모습으로 자리 잡았다.

2006년 통계에 의하면 기혼자로서 혼자 사는 남성의 수가 약 4만 명이며, 별거와 같은 특별한 경우를 제외하고 약 3만 명 정도가 기러기 아빠로 추산된다고 한다. 기러기 아빠는 대부분 40대 이상의 의사, 교수, 대기업 임원 같은 고소득층이었으나 2006년 조사에서는 중산층이나 단순노무직 등의 저소득층도 상당수 늘어났다고 한다. 게다가 이러한 저소득층의 경우 자신의 수입보다 많은 금액을 송금하고 정작 본인은 빚을 내서 생활하는 상황까지 있어 심각한 문제로 지적되고 있다. 2013년 통계에 따르면 기러기 가구는 115만 가구에, 조기유학을 보낸 기러기 아빠는 20~30만 명이라고 한다.

남자 입장에서 철새인 기러기가 된다는 것은 매우 큰 심적 부담을 갖는 선택이다. 막대한 학비와 생활비를 충당해야 하는 경제적 부담은 물론, 결혼을 했음에도 불구하고 가족과 떨어져 살아야 하는 외로움은 상상 그 이상을 감수해야 하는 일이다. 처음 계획을 세울 때는 얼마 가지 않아 다시 합칠 수 있을 것이라는 기대를 하고 보낸다. 하지만 대부분 그 기간은 길어지고 처음 마음먹었던 여러 가지 책임감들은 부담으로 가중되기 시작한다. 그러다 보니 길어진 기대는 그리움에서 원망으로 바뀌고, 외로움을 견뎌내기 위한 차선책으로 유흥업소를 들락거리기도 하고, 도박이나 술에 빠지거나 극심한 우울증으로 자살을 선택하기도 한다. 매스컴에 나온 '몸 건강, 정신 건강 다 잃었다'라는 기러기 아빠의 유서는 함께 살아가는 우리 사회의 어두운 한 단면을 보여주는 사례로 남았다.

설령 이런 극단적 선택까지는 아니더라도 몇 년에서 10년 가까운 세월을 떨어져 살다가 다행히 다시 결합해 살게 된다고 하더라도 바뀐 생활습관과 생각의 차이 때문에 오히려 떨어져 사는 것이 편하다는 생각을 하게 된다. 특히 조기유학을 간 아이들은 어린 시절부터 외국식 사고방식에 익숙해져서 한국에 남아 있던 아버지와는 그렇지 않아도 느낄 세대 차이와 함께 서로 다른 사고방식의 차이로 사사건건 부딪치고, 아이는 한국말이 어색하고 아버지는 외국말이 서툴러서 만나도 오래된 이산가족처럼 서먹해진다는 것이다. 아내도 처음에는 희생하는 마음으로 아이 뒷바라지를 충실히 하고 아이가 성장하면 당연히 재결합하겠다는 마음으로 외국행을 선택하지만, 점점 그곳에서 자리를 잡다 보면 이국이라는 매력에 빠져 귀국할 생각은 사라지고 방탕한 생활을 하거나 불륜을 저지르는 일도 발생한다. 심지어 아들과 함께 미국으로 간 부인이 아들에게 미국 가정환경을 주기 위해 미국인과 결혼하겠다고 남편에게 이혼을 요구한 사례도 있다. 아이와 어머니가 외국에서 하라는 공부는 안

하고 밖에서 술, 마약 파티로 돈을 다 써버리거나 외도 등을 일삼아서 가정이 파괴되는 일도 많다.

우리는 지금 인간이 살아가는 데 무엇이 소중하고 무엇이 우선인지를 생각해야 할 때가 됐다. 과연 아이를 위해서 그런 위험을 무릅쓰고라도 그렇게 하는 것이 최선인가. 좋은 이력을 갖고 선진화된 의식을 배운다고 해서 과연 그 아이는 행복할 수 있는지 생각해봐야 한다.

⚠ **Tip for Woman's Heart**

자식의 성공도 온전한 가정이 있을 때 가능하다.
아이의 자의식이 성숙한 다음
자신의 선택으로 그 길을 가겠다면
그것은 어떤 의미로든 합당한 이유가 될 것이다.
하지만 그것이 자식을 사랑한다는 이유로 행하는
부모의 욕심일 때는 위험하다.

여자 마음 설명서(개정판)

제1판 1쇄 2017년 9월 1일
제2판 1쇄 2024년 7월 30일

지은이 글보리
펴낸이 한성주
펴낸곳 ㈜두드림미디어
책임편집 이수미, 배성분
디자인 얼앤똘비악(earl_tolbiac@naver.com)

㈜두드림미디어
등록 2015년 3월 25일(제2022-000009호)
주소 서울시 강서구 공항대로 219, 620호, 621호
전화 02)333-3577
팩스 02)6455-3477
이메일 dodreamedia@naver.com(원고 투고 및 출판 관련 문의)
카페 https://cafe.naver.com/dodreamedia

ISBN 979-11-93210-95-6 (03180)